マクロ経済学の基礎 [第2版]

家森信善 [著]

ベーシック＋プラス
Basic Plus

中央経済社

第2版の刊行によせて

2020年11月に，日本政府は，2020年4～6月期の実質国内総生産（GDP）が季節調整済み年率で28.8％減だったと発表しました。GDP統計をさかのぼれる1955年以降で最大の落ち込みです。アメリカも，2020年4～6月期の実質GDP成長率（前年同期比）は－32.9％で，これは世界大恐慌の時に記録した最悪値（－12.9％（1932年））よりもはるかに悪い結果でした。日米とも，今回のコロナ禍による経済の落ち込みがいかに深刻であるかがわかります。

しかし，私たちにはマクロ経済学の知識があります。実は，世界大恐慌の際の経済政策の失敗から学んで発展してきたのが本書で学ぶマクロ経済学です。マクロ経済学が誕生するまでの標準的な考え方は，不況になれば物価や賃金が下がって需要が回復するので，いわば自然治癒を待つべきだというものでした。新しく生まれたマクロ経済学は，財政面では，不況で政府の収入が減るときに政府も一般家計のように支出を減らすのではなく，むしろ支出を拡大し，金融面では，金融緩和政策を実施するべきだと考えます。実際，コロナ禍で各国政府はこうした処方箋に沿った対策をとっています。

もちろん，コロナ禍のショックは，大恐慌やリーマンショックと原因が違います。とくに，従来のショックは需要が急激に減少するタイプのショックであったのに対して，コロナ禍では需要だけではなく供給にも大きな影響が出ています。そのために，需要を増やす政策だけではなく，供給者に対する支援策も必要になります。ただし，コロナ禍に特別に効く経済学的「特効薬」が生まれてくるまでの間，新型コロナウイルス感染症の治療に既存の薬が使われて一定の効果を上げているように，今あるマクロ経済学を活用していくことになると思います（この点は第11章で説明します）。

本書で説明するマクロ経済学は，IS-LMモデルと呼ばれるもので，80年以上前に誕生したものです。その後，IS-LMモデルにはさまざまな限界があることが明らかにされてきましたが，ノーベル賞を受賞したポール・クル

ーグマン教授は，2018年の論文（Paul Krugman "Good enough for government work? Macroeconomics since the crisis" *Oxford Review of Economic Policy* 34, 2018）で，危機に対応した政策当局者はおしなべて（本書で説明する）IS－LMモデルを考えの出発点としていると指摘します。そして，この古い経済学で危機にうまく対処できたので，リーマンショックの経験が新しい経済学を生み出すことはないだろうと予想しています。クルーグマン教授の予想が当たるかどうかはともかく，少なくともIS－LMモデルを学ぶことは，現代の経済政策を理解する上で非常に有益だといえると思います。

さて，本書は，2017年刊行の『マクロ経済学の基礎（ベーシック＋）』の改訂版です。本書は，現実の経済を理解するためにマクロ経済学を勉強してもらうという意図で執筆していますので，普通のマクロ経済学の教科書に比べて多くの経済統計を取り入れています。今回の改訂部分は，統計の更新と，2017年以降のマクロ経済の状況に合わせた説明の追加や修正，および，章末の問題の改訂が主なものです。もちろん，本書を利用していただいた先生や学生の皆さんから指摘いただいた（旧版にあった）誤植や不明確な説明についても修正しています。また，第11章では，クルーグマン教授によるコロナ禍の分析を紹介しています。

最後になりますが，今回も中央経済社の納見伸之氏には大変お世話になりました。記して感謝をします。

2021年1月

家森信善

はじめに

▶**本書の特長**

本書は，初めてマクロ経済学を学ぶ人向けの入門テキストです。

そのために，半期の講義でも十分に消化できる分量を目安にしました。ただし，分量を抑えても取り扱う範囲を広げてしまうと，1つのテーマあたりの説明が非常に簡単になってしまいます。ある程度の知識があると簡潔な説明で事足りるのですが，初めて経済学を学ぶ読者の皆さんには不親切になってしまいそうです。

そこで，本書では，マクロ経済学を初めて学ぶ人にまず何を学んでもらうべきかを考えて，IS−LMモデルに焦点を絞って執筆しました。本書は，普通のマクロ経済学のテキストに比べると，かなり丁寧にIS−LMモデルの基本構造を説明していますので，「なんとかIS−LMモデルまで」という要請に十分に応えることができていると思います。

IS−LMモデルを理解できれば，マクロ経済を考える基本的なセンスは身につけられます。たとえば，日本政府は，2013年からアベノミクスと呼ばれる経済政策を実行しています。アベノミクスでは，大胆な金融政策，機動的な財政政策，民間投資を喚起する成長戦略という3本の矢を使って，持続的な経済成長の実現を目指しています。本書で説明するIS−LMモデルの知識から，不況に対しては金融緩和政策や財政拡張政策をとるのが一般的だという答えが得られていますので，アベノミクスが最初の2つの矢を採用したことは理解できるはずです。

その上で，アベノミクスが立ち向かっている世界とIS−LMモデルの世界との違いを注意深く考えながら，政策の適否についてより進んだ経済学の議論を参考にして勉強していけば良いでしょう。たとえば，IS−LMモデルでは，金融緩和政策とは金利の低下によって投資や消費を刺激することだと考

えていますが，アベノミクスが直面している日本では金利はすでにゼロになってしまっており，金利を下げて投資を刺激する余地はほとんどありませんでした。

IS−LM モデルの基本を知っていれば，ゼロ金利下での金融政策の難しさに考えが及ぶことでしょう。実際，2016年2月に始まったマイナス金利政策の評価を含めて，ゼロ（あるいは，マイナス）金利のもとでの金融政策のあり方は最先端の研究テーマです。関心のある人は，本書を出発点にして深く勉強をしてもらえれば幸いです。

▶本書の使い方

執筆において心がけたのは，マクロ経済学を学ぶことの現実的な意義を感じてもらうことです。そのために，普通の教科書に比べて，現実の経済に関する話題をより多く取り上げています。本書ではさまざまな統計を使って図表をつくっていますが，その図表を眺めるだけでなく，それらの最新データを探してみることをお勧めします。適切なデータや情報を探し出すことは，これからの皆さんにとって非常に重要な力です。

また，各章末に Working（調べてみよう），Discussion（議論しよう），Training（解いてみよう）のコーナーを用意してみました。知識は応用してみないと，自分のものにはなりません。ぜひ，Working などの問題を活用して下さい。

これらには，少しレベルが高いものも含まれますが，各章での説明を踏まえて，インターネットや書籍，雑誌，新聞などを使って調べ，さらに，友だちと議論しながら考えてもらうとよいでしょう。本書の説明だけでは十分に答えられない場合もありますし，実は答えがいくつもある問題もあります。さらに正直に言えば，経済学者でも本当の答えを模索中の問題も含まれています。したがって，「正解」が出てこないからといって心配する必要はありません。むしろ，それを足がかりにして，各種の資料や文献を調べたりしながら，経済学的な思考過程を経験してもらえれば十分です。

▶謝辞

　本書は，2001年に上梓し，たいへん多くの大学でテキストに採用していただいてきた『基礎からわかるマクロ経済学』を，出版社からの強い要請を受けて改題改訂し，装いも新たに「ベーシック＋（プラス）」シリーズの1冊に加えたものです。『基礎からわかるマクロ経済学』は，2001年に初版，2007年に第2版，2011年に第3版，2015年に第4版と，数年おきに改訂を行ってきました。筆者にとっては，数年おきのテキスト改訂は，現実の経済が大きく変化するなかで，何が今の大事な問題かを選び出し，それを初学者の皆さんにいかに伝えたら良いのかを模索してきた工夫の歴史でもあります。

　こうした出版の機会が与えられることは，筆者にとって大きな励みです。読者の皆さんの声を聞きながら，今後も本書を大事に育てていきたいと思っています。

　本書の執筆に当たっては，多くの方々からご助力を得ました。『基礎からわかるマクロ経済学　第4版』については，2016年に秋山優・九州産業大学教授が，本書の執筆の意図を汲んで書評を書いてくださいました（『国民経済雑誌』2016年8月号）。こうした公式の助言以外にも，多くの先生方から，講義の経験に基づいてさまざまなアドバイスをいただいてきました。本書をテキストとした講義の受講生や，これまで筆者の研究室に在籍した学部生・大学院生の皆さんには，学生の観点からさまざまな意見をもらいました。

　最後に，中央経済社の納見伸之氏にもお礼を申し上げたいと思います。納見さんからの熱心な働きかけがなければ，本書は完成しませんでした。執筆の機会と動機を与えていただいたことに心より感謝する次第です。

2017年1月

家森信善

第 **1** 章 | # マクロ経済学で学ぶこと

イントロダクション

Learning Points

▶マクロ経済学とミクロ経済学の特徴を理解しましょう。

▶個々人が合理的に行動しても，社会全体として合理的な行動とはならない状況が発生することを理解しましょう。

▶経済活動の状況が私たちの生活に深く影響することを，大学卒業者の就職状況から理解しましょう。

Key Words

合成の誤謬　マクロ経済問題　景気　就職活動　非正規労働

1 / 経済学への期待

多くの人にとって，経済学を学ぶ理由は，「経済問題」を理解しその解決策を見つけるためです。会社を経営している社長さんにとっての「経済問題」は，会社の売り上げであったり，優秀な従業員の確保であったりします。大学生にとっては，いかにいいアルバイトを見つけるかとか，就職先をどのように選ぶかでしょう。もちろん，今日の夕飯を何にしようか，どこで買おうかというのも立派な「経済問題」です。こうした「経済問題」に私たちは毎日直面して，自分なりの方法で解決しています。しかし，そういった自分なりの解決法が常にベストであるとは限りません。

自動車の運転に自信があったとしても，地図がなければ，初めての目的地にたどり着くのは大変でしょう。おそらく途中で道に迷ったりして，無駄な時間を使うことになりそうです。そんなことを避けるために，事前に地図を用意し，道順を調べておくのが普通です。複雑ですぐに道に迷ってしまいそ

うな経済問題という街を運転するにも，事前の準備が不可欠なのです。

　経済の地図にあたるのが，新聞やテレビで報道されている経済ニュースです。そうした「地図」がなければ，すぐに道に迷ってしまい，適切な判断が下せません。ですから，皆さんには日頃から経済ニュースに接していただきたいと希望します。しかし，地図に書き込まれている記号の意味を正しく理解して活用できなければ，せっかくの地図もただの紙切れにすぎません。地図を正しく読むための予備知識がなければ，せっかくの情報も生きてこないのです。経済問題という街の地図を読むための予備知識が，いま皆さんが学ぼうとしている経済学なのです。

　経済学を勉強すると，新聞やテレビで報道される情報を現実の生活に活かすことができるようになります。上級の運転手が目的地まで行くのに複数のルートを地図から見つけだして，天候や時期を考えて，最適なルートを選択するのと同じことを，皆さんも経済問題という街で行えるようになるのです。

　たとえば，今まででしたら，円安だというニュースを聞いても，海外旅行の予定はないから自分には関係ない，と聞き流していたかもしれません。しかし，経済のメカニズムが少しわかってくれば，円安というニュースを聞いて，ガソリンの価格が上昇するだろうと予想できるようになります。ちょうど車を買い替える予定の人は，今後ガソリン代が高くなりそうなので，自動車の選択において燃費を重視するでしょう。これは経済学の知識を利用した「経済問題」への立派な対処方法なのです。

2 ／ マクロ経済学とミクロ経済学

　ところで，経済学はマクロ経済学とミクロ経済学とに分けて講義されることが普通になっています。**ミクロ経済学**は価格理論とも呼ばれ，価格メカニズムの働きを主として分析しています。一方，**マクロ経済学**は所得理論と呼ばれます。「**所得**」と聞くと，給料を思い浮かべるかもしれませんが，ここでの所得は日常用語の「所得」とは多少異なって，「一国の経済活動の水準」

という意味です。別のいい方をすると，ミクロ経済学が個々の財や個々の経済主体（家計や企業など）を分析するのに対して，マクロ経済学ではそうした個々の財や経済主体の集合体（普通は国レベル）を分析の対象にします。

社会は個々の企業や家計から成り立っているのですから，個々の経済行動を分析すれば十分だと思われるかもしれません。しかし，次のような理由から，ミクロ経済学とは別にマクロ経済学を学ぶ必要性があります。

第1に，個々の主体の分析から始めて，それを合計するのは大変複雑です。物事の本質を理解するのが難しくて，見通しも悪くなります。地図の例でいいますと，あまり詳しい地図をもらっても，散歩にはいいのですが，自動車の運転には役に立ちません。東京から大阪に行くのに詳しい地図を何百枚ももらっても，どれを見たらいいのかがわからなくなってしまいます。高速道路に入るまでは詳しい地図が必要でしょうが，その後は大まかな現在位置がわかる程度の地図の方が役に立ちます。縮尺の大きな地図も小さな地図もそれぞれの目的に必要なのです。

第2の理由は，しばしば個人が合理的と判断して行う行為が，社会全体として見ると，望ましくないことがあるからです。これは「**合成の誤謬**」として知られています。

コンサートホールで火事にあったとします。観客がわれ先に出口に殺到すると混雑してしまって，みんな身動きがとれなくなります。個々人の立場から見れば，出口に走るのは合理的な行動です。なぜなら，他の人々がゆっくりと行動していてくれれば，自分だけ早く逃げられるからです。しかし実際には，整列して出ていったならみんな助かったのに，みんながわれ先に逃げようとするために，多くの人が火事の犠牲者になってしまいます。このように個々の合理的な行動が全体としては不合理な行動になるという「合成の誤謬」は，特にマクロ経済政策について考える場合，忘れてはならない視点です。

もちろん，ミクロ経済学とマクロ経済学は密接に関連しています。そして，最近の学界では，マクロ経済学とミクロ経済学の融合が目指されており，上級レベルではミクロ経済学とマクロ経済学とを明確に区別できなくなりつつ

あります。しかし，初めて学ぶ皆さんにとっては，マクロ経済学とミクロ経済学とに分けて経済学を勉強した方がわかりやすいと思います。

たとえば，高校の歴史の授業を思い出してください。歴史ということでは同じですが，日本史と世界史を別々に勉強する方が，流れがはっきりして勉強しやすかったと思います。それぞれを一通り勉強してから，日本と世界の横の関係を見ると，さらに理解が深まります。経済学についても同じことで，まずマクロ経済学とミクロ経済学をそれぞれ十分に理解してから，両者を統合化した上級レベルの勉強をすればいいと思います。

3 / マクロ経済問題

マクロ経済学が，個々の財や経済主体を合計した集計量を分析対象にするといっても，ピンと来ないかもしれません。そこでもう少し具体的にマクロ経済学が扱う分析対象を紹介しましょう。

マクロ経済学が対象にしているのは，景気，失業，物価，為替レートなどの**マクロ経済問題**です。**図表1—1**は，国民が政府に対して何に力を入れて欲しいと要望しているのかを調べた世論調査の結果です。

1974年や1981年には石油危機の影響で，原油などの価格の急騰に国民は苦しんでいたので，物価対策が強く望まれていました。1985年頃には，行財政改革が進められており，税金の問題が非常に重要視されるようになってきました。バブルのピークであった1990年には景気対策を望む人はほとんどおらず，物価対策もそれほど重要視されなくなりました。代わりに高齢化が意識され始め，福祉の充実に関心が集まるようになりました。

1995年には，長引く不況から景気対策への要望が急激に増えていることがわかります。2000年には，景気対策や雇用問題は一層切実な要望になっています。また，医療や年金の充実を求める人々が多くなっているのは，人々の将来への不安の高まりを反映しているのでしょう。2005年になると，景気が回復してきたために景気対策をあげる人の比率が下がっていますが，社会保

図表1−1 ▶ ▶ ▶ 国民の政府に対する主要な要望

(単位：%)

	医療・年金等の 社会保障構造改革	景気対策	税制改革	物価対策	雇用・ 労働問題
1970	34.2	※	23.1	55.8	※
1974	38.0	※	13.3	76.9	※
1981	32.0	14.1	24.6	52.3	6.7
1985	32.3	13.4	37.7	30.8	8.5
1990	39.4	4.4	27.9	21.4	6.3
1995	54.8	46.2	43.9	43.7	※
2000	50.4	63.1	27.4	38.7	47.3
2005	61.3	53.5	31.5	31.4	37.0
2010	69.6	69.3	31.1	32.8	49.4
2015	67.2	56.9	32.5	38.5	40.8
2019	64.6	50.6	31.6	34.3	36.7

注1：項目やアンケートの方法が途中で変わったので，厳密には過去との比較はできない。
注2：※印は，該当質問項目がなかったことを意味する。
出所：内閣府「国民生活に関する世論調査」をもとに筆者作成。

障改革に対する要望が非常に強くなっています。そして，グローバル金融危機後の2010年には，景気対策や雇用・労働問題への要望が急上昇していますし，高齢化の進展で，社会保障の改革への要望もますます多くなっています。2019年には，経済政策（アベノミクス）の効果が現れて景気が改善していたために，景気対策や雇用・労働問題の要望はかなり減っていますが，社会保障改革への要望は高いままです。

このように，人々の政府に対する要望は経済環境とともに変化していますが，常に多くの人が何らかのマクロ経済問題の解決を政府に要望していることがわかります。

4 / マクロ経済変数と私たちの暮らし

4.1 大学卒業生の就職状況

ところで，多くの人はこうしたマクロ経済問題に頭を悩ますのは，政治家か日本銀行の仕事だと思っているかもしれません。しかし，マクロ経済変数の動きは私たちの日常生活に深く影響しています。ここでは例として，読者の皆さんにとっても関心の深い大学卒業後の就職状況を考えてみましょう。

図表1－2は，大学卒業者の**就職率**の推移を示しています。いわゆるバブル経済で景気が良かった頃（1990年前後）には80％を超えていました。就職する以外に，大学院や資格試験の専門学校などに進学する人がいますから，この時期にはほとんどの人が就職できたことになります。逆に企業から見ると，この時期には，新卒学生を採用することは大変でした。企業の中には，内定した学生を他社にとられないように，内定を出すとそのまま学生を「拉致」して，人里離れた温泉や時には海外につれていって，就職活動をできなくしてしまったそうです。

しかし，1990年代に入ってバブルが崩壊すると，就職率は急激に低下していき，2000年には55％まで落ち込みました。大学院への進学率が10％程度ですから，大学を卒業した学生の3分の1ぐらいが卒業後の進路に困る状況と

図表1－2 ▶ ▶ ▶ 大学卒業者の就職率

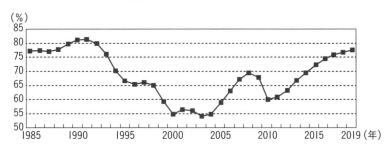

注：各年3月卒業者のうち，就職者（就職進学者を含む）の占める割合。
出所：文部科学省「学校基本調査」をもとに筆者作成。

なってしまいました。この時期には，優秀な学生でもなかなか就職が決まらなかったり，かなり妥協しないと就職口がなかったりしました。図にあるように，2005年ごろから就職率は回復してきましたが，グローバル金融危機後には再び大きく低下しました。その後は，経済政策の効果が現れて就職率は上昇を続け，2019年には約78％となり，1993年以降で最も高くなりました。このように，時代によって就職環境が大きく変化することがわかったと思います。

4.2　企業の雇用過剰感

　1990年代中ごろから2005年ごろにかけて，大学生の就職率が落ち込んだ直接の原因は，企業が採用を手控えるようになったからです。1990年代の日本企業は，過剰設備，過剰雇用，過剰債務の３つの過剰に悩んでいました。このうち**図表１ー３**には，雇用の過剰感についての企業へのアンケート調査結果を示しています。ここでの数値は「過剰」と答えた企業の比率から，「不足」と答えた企業の比率を引いたもの（ディフュージョン・インデックス：DIと呼びます）です。たとえば，30％の企業が「過剰」と答え，10％の企業が「不足」と答えたとすると，この図での**雇用過剰感**は20となります。

図表１ー３ ▶ ▶ ▶雇用の過剰感

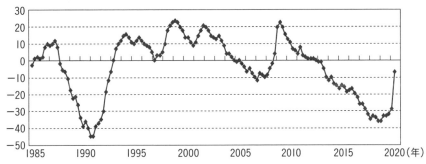

注１：雇用過剰感は，「過剰」ー「不足」の値（全規模全産業）。
注２：2004年第１四半期から調査方法が変更。
出所：日本銀行「全国企業短期経済観測調査」をもとに筆者作成。

図表1－3を見ると，1980年代後半から1990年代前半にかけて，雇用過剰感は大きなマイナスの値を記録しており，多くの企業が人員の不足を感じていたことがわかります。当時，企業が積極的な採用活動を行っていたのも肯けます。しかし，その後は，一転して過剰感が強まりました。1997年や2000年頃には，一時的に多少の回復を示していますが，雇用過剰感を持つ企業の方が多い状況が続きました。

　そして，2005年になって初めて，雇用過剰感がマイナス（つまり，不足を感じる企業が多い状態）になりました。新規雇用を抑制し続けた結果，若手社員が少なくなりすぎた企業が，景気の回復とともに雇用の不足感を感じ始めたのです。グローバル金融危機の発生で，生産・販売が急減したために，短期間のうちに過去最悪の水準にまで戻ってしまいましたが，経済状態が落ち着くと，雇用の過剰感が緩和していきました。そして，2013年からはマイナス（つまり不足を感じる企業の方が多い状態）となり，2018年には－35ポイントとなりました。なお，**図表1－3**のデータの右端は2020年4－6月期ですが，コロナ禍の影響で労働需給に急激な変化が起こっていることがわかります。

4.3　景気要因が重要

　大学生の就職率が下がったのには，若者の価値観の多様化という求職側の構造的要素や日本企業の工場の海外移転といった求人側の構造的要素も影響していないわけではありません。しかし，最も重要な要因は景気の動向だと思われます。**景気の動向**を示すGDP（国内総生産）の動向については，次章の**図表2－1**で説明しますが，その図と**図表1－2**や**図表1－3**を比べると，GDPが高い伸びを示し，景気の良かった1980年代後半には企業の雇用不足感が強く，景気の悪かった2000年前後には雇用過剰感が強まっていることが，容易に読みとれます。

　このことから，読者の皆さんが大学の1年生や2年生でしたら，次のことに気がついて欲しいと思います。それは，皆さんの就職活動の成否は就職活

図表1−4 ▶ ▶ ▶国家公務員試験の申込者と合格率

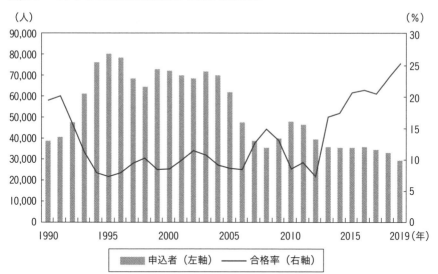

注：2011年までは第Ⅱ種試験，2012年以降は一般職試験（大卒程度試験）の数字を示している。
出所：人事院「年次報告書」をもとに筆者作成。

動の時期の経済状況に大きく左右されるということです。したがって，皆さ
んにとって，数年後の景気の状況を予想することは，今やるべきことの優先
順位を付ける上で非常に重要です。

　たとえば，これから景気が悪くなっていくのなら，民間会社の採用枠が減
ることが予想できます。そうすると，景気に左右されにくい公務員試験の人
気が高まるはずです。実際，**図表1−4**を見ると，バブル経済の余韻が残っ
ていて民間会社が積極的に採用をしていた1990年代の初めの国家公務員試験
の合格率は20％を超えていましたが，その後に不況が厳しくなると申込者は
2倍に増え，合格率は10％を下回るようになりました。一方で，経済政策の
効果が出てきた2013年からは合格率が急上昇し，2019年には25.4％となりま
した。政府と民間企業が人材を取り合うという，学生の皆さんにとってはう
れしい状況を意味します。

　しかし，2020年以降，コロナ禍で民間企業の採用が減るかもしれません。
そうすると公務員の倍率は高くなります。つまり，先輩と同じ程度の勉強で

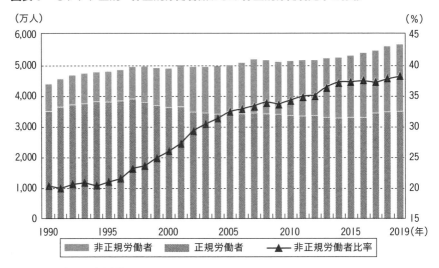

図表1−5 ▶ ▶ ▶ 正規・非正規労働者数および非正規労働者比率の推移

注：役員を除く雇用者を対象にしている。
出所：総務省「労働力調査」（長期時系列データ）をもとに筆者作成。

は公務員試験に合格できません。公務員になりたい人は少しでも早く試験勉強を始めておいたほうがよさそうです。

4.4 雇用の2極化

　マクロ経済の指標はさまざまなものを1つにまとめています。そのために，合計を見るだけなく，内容についても注意することが必要な場合が少なくありません。たとえば，最近では，雇用の内容が大きく変わっていることに注目してみましょう。

　図表1−5に示しましたが，**正規労働者**（いわゆる正社員）は1997年以降，ほぼ一貫して減少し，1995年から2015年の間に約500万人も減っています。一方，**非正規労働者**（パート，アルバイト，派遣社員，契約社員など）は，1995年から2005年の10年間に，1,000万人から1,600万人に増加し，2016年には2,000万人を超え，全労働者の4割近くになりました。

　つまり，雇用情勢の改善は，処遇の劣った非正規労働者の増加によっても

図表1-6 ▶▶▶ 非正規労働者の対正規労働者賃金比率

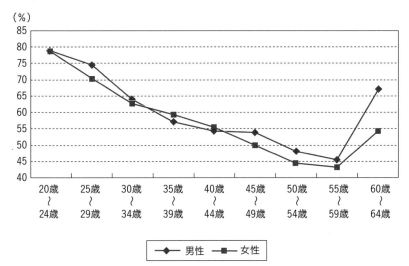

注1：非正規労働者は常用労働者のうち，正規労働者以外の労働者。
注2：「決まって支給する現金給与額」を12倍し，「年間賞与その他特別給与額」を加えたものを年間賃金とした。
出所：厚生労働省「令和元年賃金構造基本統計調査」の一般労働者（大学・大学院卒）（企業規模10人以上）に関する統計をもとに筆者作成。

たらされている側面が大きく，就職活動をする者の立場から見れば決して手放しで喜べるわけではありません。

　たとえば，**図表1-6**には，年齢別の正規労働者と非正規労働者の賃金格差を示しています。20歳から24歳といった大学を卒業したての頃には，非正規労働者の賃金は正規労働者の賃金の80％程度ありますから，賃金格差はそれほど大きくないといえるかもしれません。

　しかし，年齢が高くなるにつれて大きな格差が見られるようになります。40歳代後半から50歳代では，非正規労働者は正規労働者の半分くらいの賃金しか稼げないことがわかります。納得して非正規労働者の道を歩むことはおかしなことではありませんが，何となく選んだという人の場合，入り口での格差はわずかですが，気がついたときには遅かったということになりかねません。

　ところで，**図表1-5**の正規労働者をよくみると，2014年の3,288万人をボトムにして増加傾向に転じ，2019年には3,494万人になりました。**図表1**

－3でみたように2014年頃から企業は人手不足を感じるようになり，待遇を改善して人員を集めようとする動きがみられました。コロナ禍の影響でこの待遇改善の動きが頓挫してしまうことが心配されています。

Working
調べてみよう

　図表1－6によると，非正規労働者の所得は正規労働者に比べて低いですが，政府は，2018年に働き方改革関連法を成立させ，同一企業内における正規雇用労働者と非正規雇用労働者の間の不合理な待遇の差をなくすことを目指しています。非正規労働者と正規労働者の処遇の違いの原因や，解消に向けた取り組みについて調べてみましょう。

Discussion
議論しよう

1．図表1－1で，国民生活に関する世論調査を紹介しましたが，皆さんなら何を政府に要望しますか。皆さんのご両親やご祖父母はどうでしょうか。要望の内容が違うとすれば，それはどうしてかを議論してみましょう。
2．ゼミ，クラブ，あるいはアルバイト先などの先輩や知り合いに，その人の就職活動がどんなものだったかを尋ねてみてください。その状況を当時の景気の動向と関連づけて考えてみましょう。

第 **2** 章 | # マクロ経済学と日本経済

Learning Points

▶マクロ経済指標の動きを見ることで，経済の状況を知ることができます。
▶1990年代以降の経済成長率や失業率の変化から，日本経済の状況を読み取りましょう。
▶1990年代以降の物価の変動から，日本経済がデフレ傾向にあったことを知りましょう。
▶日本の経常収支がどのように推移してきたかを理解しましょう。

Key Words

実質経済成長率　失業率　インフレ率　経常収支　為替相場

1 経済を見る上で重要なマクロ経済変数

　本書の最終的な目標は，身につけたマクロ経済学の知識を使って，読者が経済をよりよく理解できるようになることです。読者の多くは，実際の経済統計にふれた経験もそれほど多くないと思いますので，マクロ経済学の具体的な内容に入る前に，マクロ経済学が分析対象にする変数を紹介していきたいと思います。ここでは，経済成長率，失業率，物価，国際収支，株価，外国為替レートの6つの**マクロ経済変数**について見ていくことにします。

2 経済成長率

　マクロ経済学は所得理論とも呼ばれるといいましたが，そのことからもわ

かるようにマクロ経済学においてもっとも重要な変数は，**所得**です。この代表的な指標が，日本全体の所得水準を示す**GDP**（**国内総生産**：Gross Domestic Product）です。GDP は非常に重要ですので，「第3章　GDP（国内総生産）」で詳しく扱うことにします。今のところは，GDP は日本という大家族の所得と考えておいてください。

　この GDP の成長率を「**経済成長率**」と呼んでいます。たとえば，2016年の GDP は536兆円で，2017年には546兆円だったので，GDP は1年間に10兆円増えました。それで，2017年の経済成長率は1.9％（＝10/536）ということになります。ただし，単純に金額の比較をしますと，インフレ（物価の上昇）の分だけ経済成長率が水増しされてしまいます。たとえば，所得が2倍になっても，すべてのモノの価格が2倍になっていたら，買えるモノは以前と変わりません。インフレが発生している場合，経済成長率ほどには実際の所得は増えていないと判断した方が妥当でしょう。物価変動の影響を除くことを経済統計の世界では，「実質化」するといいますので，インフレ率の影響を除いた経済成長率を**実質経済成長率**と呼びます。ついでながら，インフレ率の影響を取り除いていない場合を，**名目経済成長率**と呼びます。

図表2－1 ▶▶▶ 日本の実質経済成長率

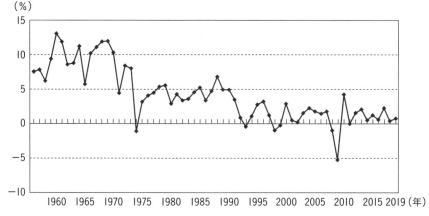

注：1980年までは1990年基準（旧68SNA），1981年以降は2011年基準・連鎖方式のGDP統計に基づく実質GDP成長率（2020年8月3日公表）。
出所：内閣府「国民経済計算」をもとに筆者作成。

　図表2-1に，実質経済成長率の推移をグラフにしてみました。1950年代から1960年代にかけての時期は経済成長率が平均して10％を超えています。この時期は高度経済成長期と呼ばれるのですが，10％の経済成長が15年間続くと経済規模は4倍（＝1.10^{15}）にもなります。この時期の急成長によって，日本は世界有数の経済大国になりました。

　ところが，1974年に成長率が急激に落ち込み，マイナスになりました。これが石油危機です。1973年にサウジアラビアなどの中東産油諸国が原油価格の急激な引き上げと産出の抑制を打ち出したために，原油価格が高騰し，日本国内ではモノ不足や物価の高騰が起こり，経済が大混乱したのです。その後，多少の変動はありますが，3～4％で日本は安定的に成長していました。ところが，1980年代後半に5％を超える高い経済成長率が続きました。これが後にバブル経済と呼ばれる時期です。

　1990年代になると，一転して経済は急激に冷え込みました。北海道拓殖銀行や山一證券の破綻（1997年11月）などにより金融危機が深刻化し，1998年には石油危機以来というマイナス成長になってしまったのです。2000年にはプラス成長に戻りましたが，ITバブルの崩壊で再び失速しました。その後，構造改革や不良債権の処理が進展し，また海外経済の成長に助けられて，2003年以降，日本経済は回復基調に入りました。しかし，グローバル金融危機の影響で，2008年からはマイナス成長におちいり，リーマンショックの結果，2009年の実質経済成長率は過去最悪の−5.5％となりました。翌年はその反動で一時的に成長率が高くなりましたが，その後は−0.1％～2.2％の範囲での低い成長が続いています。

3 失業率

　終身雇用（いったん勤めると定年までくびにならない），年功序列賃金体系（年齢とともに給料が上がっていく），企業内労働組合（労働組合を企業単位で結成するので，労使の協調が容易になる）といった労働慣行により，

図表2-2 ▶▶▶ 失業率の国際比較

(単位：%)

	フランス	ドイツ	日本	イギリス	アメリカ
1990	9.4	..	2.1	6.9	5.6
1995	12.0	8.3	3.2	8.5	5.6
2000	9.6	8.0	4.7	5.4	4.0
2005	8.9	11.3	4.4	4.8	5.1
2010	9.3	7.0	5.1	7.8	9.6
2015	10.4	4.6	3.4	5.3	5.3
2020	7.7	4.2	2.8	3.9	11.1

注：2020年の値は, イギリス（4月）を除いて6月の値。
出所：OECD "Short-term Labour Market Statistics"（Harmonised Unemployment Rate: HUR）をもとに筆者作成。

長い間, 日本の**失業率**は国際的に見ても低い水準にありました（**図表2-2**）。しかし, 景気の低迷の長期化と国際競争の激化のなかで, 多くの日本企業が雇用にメスを入れ始め, 雇用問題が深刻化していきました。

　ほとんどの人は働くことで所得を得ているので, 仕事がないと生活できません。失業は個々の家庭にとって大変深刻な問題ですし, せっかくの労働力を活用できないのですから, 社会的にも大きな損失です。雇用情勢の改善を政府に要求したくなるのは当然です。

　ただし, 失業率をゼロにすることを目標とするのは正しくありません。なぜなら, 失業には, ①摩擦的失業, ②自発的失業, ③非自発的失業, の3種類があるからです。**非自発的失業**は, 働きたいのに働く場所がない状態のことで, これを解消するために政府が努力することは当然でしょう。そのため, 非自発的失業がゼロになっている状態を**完全雇用**と呼んで, 経済政策の目標にしています。

　次に, **摩擦的失業**とは, （応募・訓練など）労働力の移動に時間がかかるために生じる失業です。最後の**自発的失業**とは, よりよい条件を求めて離職している状態です。新しい経済環境に対応するためには, 労働力の要らなくなった古い産業分野から新しい産業分野へ労働力が移行することが不可欠であり, 摩擦的失業や自発的失業がゼロになることはむしろ異常なことだとい

図表2−3 ▶▶▶ 経済成長率と失業率の関係

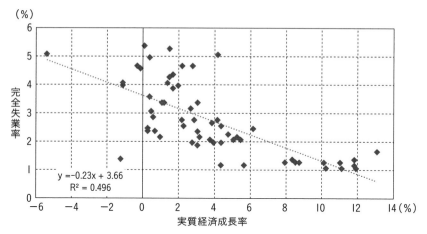

注1：1960年から2019年までのデータを示している。
注2：実質GDP成長率については，図表2−1の注を参照。
注3：完全失業率（労働力人口のうち，就業が可能で，求職活動をしている人の比率）は，総務省「労働力調査」の数字である。

えます。もちろん人々が新しい技能を素早く身につけられるような教育プログラムを提供したりすることで，摩擦的失業を少なくすることも政府の重要な役割ですが，それをゼロにすることは不可能です。また，政府は賃金を操作できないですし，その賃金では安すぎて働く気にならないという自発的失業者を無理やり働かせることも個人の自由を侵害し，望ましくありません。

　繰り返しになりますが，完全雇用（今後よく出てきますが）では文字通りすべての人が働いているわけではありません。働きたいと思っている人がすべて働いているという状態です。

　ところで，マクロ経済学では所得が大変重要であると説明しましたが，私たちにとっては失業率の方がより切実な問題ではないでしょうか。実は，両者は密接に関係しています。**図表2−3**に，失業率と実質経済成長率との関係を示しています。

　右下がりの関係がありますので，経済成長が鈍化すると失業率が高まるという関係が読みとれます。つまり，経済成長（GDP）の問題に対処することはその裏側で雇用の問題に対応していることになるわけです。なお，こう

図表２－４ ▶ ▶ ▶ 賃金上昇率の推移

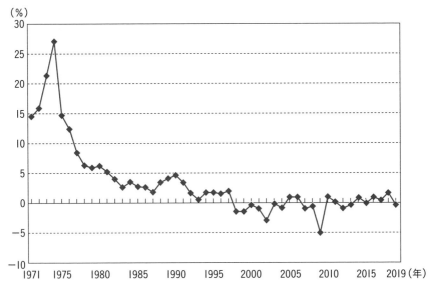

注：使用した数字は，製造業（事業所規模：30人以上）の現金給与総額（2015年基準指数）である。
出所：厚生労働省「毎月勤労統計調査」。

した失業率と経済成長率の関係を，最初に見つけた経済学者の名前を付けて，**オーカンの法則**と呼ぶことがあります。

　ところで，もう１点，失業率に関して重要な点を指摘しておきます。バブル崩壊以降，日本の失業率が上昇している（**図表２－２**）にもかかわらず，**図表２－４**をみると，2009年を除けば賃金がそれほど下落していないという点です。普通のモノでしたら売れ残れば価格が下がるのですが，失業が増えても賃金（労働の価格です）はなかなか下がらないのです。逆に，2010年以降，失業率は低下してきましたが，賃金の上昇は限定的でした。これから繰り返し説明していくことになりますが，労働市場の状況に応じて賃金がなかなか変化しないという**硬直性**がマクロ経済政策を必要にしています。

4 / 物 価

　市場で取り引きされる財やサービスには価格がつきます。市場経済ではその価格に基づいて需要と供給が調整されています。たとえば，コーヒーがブームになれば紅茶を飲んでいた人もコーヒーに変えますから，コーヒーの価格が上昇し，紅茶の価格が下落します。コーヒーの価格が上昇すれば，紅茶を作っていた業者はコーヒー製造に切り替えるでしょう。このように，ある財の価格が上がる一方で，別の財の価格が低下するのに対応して，企業や消費者は行動を変えます。つまり，個々の財やサービスの価格が上昇したり下落したりするのは市場経済では普通のことで，むしろ価格が円滑に変動する方が望ましいのです。

　他方，多くの財やサービスの価格（**物価水準**）が同方向に変化することがあります。上昇する場合を**インフレーション**，下落する場合を**デフレーション**と呼びます。これらは市場メカニズムのかく乱要因になり，望ましくありません。

　たとえば，お米の価格が100円から200円に上昇したとしましょう。これを見た農家は，お米に対する需要が増えたと考えて，来年は今年よりもたくさんのお米を作ろうと思って，急いで農機具を発注するかもしれません。しかし，実はインフレによってお米の価格が上昇しただけなら，需要は増えていませんので，来年になってたくさんお米を作っても売れません。結局，農家には，使わない農機具とそれを買うための借金だけが残るということになりかねません。このように，インフレによって，各経済主体は誤った行動をとってしまう可能性があります。

　バブル崩壊以降の日本経済の非常に苦しい状況からもよくわかるように，デフレーションはお金を借りている人の負担を大変重くしてしまいます。たとえば，100万円を借りたとしましょう。日給が１万円なら100日働けば100万円が用意できます。しかし，デフレが起こり，日給が５千円になったとしますと，200日働かないと100万円を用意できません。つまり，同じ金額の借

図表2－5 ▶ ▶ ▶ インフレ率

出所：日本銀行「国内企業物価指数」（総平均　2015年基準），総務省「消費者物価指数」（全国・総合　2015年基準）をもとに筆者作成。

金を返すのに，デフレの結果，より長い時間働かないといけなくなるのです。逆に，インフレーションはお金を貸している人の資産を目減りさせ，お金を借りている人に有利に働きます（つまり，短時間の労働で借金を返済できるようになります）。多くの企業はお金を借りて投資をしたり労働者を雇ったりしていますので，デフレーションになると企業投資や新規雇用が手控えられてしまいます。

　ところで，世の中には数え切れないほどの財やサービスがありますから，よく考えてみると，物価水準を計ることは極めて難しい問題です。さらに，ある財の価格が上昇し別の財の価格が下落した場合や，品質や性能が向上して価格が変化した場合，物価水準にはどのような変化があったとみなすべきかを考えてみれば，その問題の複雑さがわかるでしょう。そこで，マクロ経済の状況を把握するためには，個別の財やサービスの価格ではなく，それら

を適当な方法で平均化した物価水準を示す指標（物価指数）によって議論を行うことが必要になります。

現在，日本で標準的に利用されている**物価指数**には，消費者物価指数，企業物価指数（2002年12月に卸売物価指数から名称変更），GDP デフレーターなどがあります。**図表2―5**には，消費者物価指数と企業物価指数とでみたインフレ率の推移を示しました。非常に簡単にいえば，**企業物価指数**は企業の購入する財・サービスに関する物価指数であり，**消費者物価指数**は一般生活者の購入する財・サービスに関する物価指数です。

企業物価と消費者物価はともに石油危機の影響で1974年頃に急上昇しています。1979年の第2次石油危機では，企業物価指数はかなり上昇しましたが，消費者物価指数の方はそれほど上昇しませんでした。原油価格の上昇を，省エネルギー技術などの採用によって，日本企業がうまく吸収した結果です。1980年代前半には物価は比較的落ち着いていましたが，1986年頃に企業物価指数は大きく下落しました。これは急速な円高によって輸入財価格が低下したためです。1990年代に入るとデフレ傾向（物価下落）が顕著になっています。

その後，グローバル金融危機の影響で，2009年に物価は大幅に下落しました。デフレからの脱却を目指して，2013年に日本銀行は積極的な金融政策を始めましたが，消費者物価指数の上昇率2％の実現という目標は達成できていません（なお，2014年にやや高めになっているのは消費税の引き上げの影響です）。

5 / 株 価

バブル経済やバブル崩壊というのが1980年後半から2000年にかけての日本経済のキーワードであったことは確かです。「**バブル**」という用語は，経済学では「真の価値（ファンダメンタル）と市場価値との差」を指します。真の価値が150円でしかないモノに，200円の価格が付いていれば，その差額で

図表２－６ ▶ ▶ ▶ 平均株価の推移

注：日経平均株価の推移である。
出所：Yahoo! ファイナンスのホームページをもとに筆者作成。

ある50円が「バブル」の大きさです。なぜ200円で買う人がいるのか不思議かもしれませんが，それは250円で転売できるとその人が思っているからなのです。250円で買う人も，300円で買ってくれる人がいると予想するから，250円で買うのです。つまり，バブルは将来への楽観（値上がり予想）によって膨らみます。

　1980年代後半に，日本では土地や株式の価格にバブルが発生したといわれています。そのころの株価の動きを示したのが**図表２－６**です。市場全体をとらえるためには，物価と同じように，株価も個別の株価ではなく多くの会社の平均値（**株価指数**）で見るのが適当です。図に使っている**日経平均株価**は，わが国を代表する225社の株価を指数化した値で，わが国ではもっともよく使われています。

　1985年頃からの株価の急上昇は明らかにその前後の動きと乖離しています。普通はこの部分にバブルが発生していたと判断されています。ただし，バブ

ルの大きさを厳密に知ることは困難です。なぜなら，株式の真の価値は企業
の将来の収益に依存しているからです。将来のことは誰にも正確にはわかり
ませんので，株式の真の価値も正確にはわからないのです。

6 国際収支

　日本経済のグローバル化が進み，国境を越えた取引が増えています。一定
期間における一国のあらゆる対外経済取引を体系的に記録した統計が**国際収
支**統計です。対外経済取引のうち，財貨・サービス・所得の取引（貿易取引
や海外投資の収益など）を記録したのが**経常収支**，対外資産・負債の増減（直
接投資や証券投資など）を記録したのが**金融収支**です。

　図表２－７は，日本の経常収支の動向を示しています。経常収支は，貿易・
サービス収支と，所得収支（＝［海外からの利子や配当の受取］－［海外へ
の利子や配当の支払]）とで構成されています。

図表２－７ ▶ ▶ ▶ **経常収支**

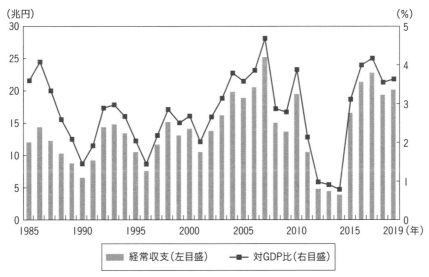

出所：財務省のホームページをもとに筆者作成。

かつての日本では，自動車や家電製品などを大量に海外に輸出することで，財の輸出と輸入の差額である貿易収支が大きな黒字で，それによって経常収支も黒字でした。1986年には14兆円の経常収支の黒字を記録し，GDP比も４％を超えました。その後は，円高の影響で，経常収支は減少傾向にありました。しかし，バブル崩壊により，1990年代に入ると，黒字の減少は止まり，経常収支は再び増加傾向になりました。

1990年代後半には，対GDP比で2.5から３％の経常黒字が続き，2007年には，4.8％となりました。経常収支の黒字は外国が日本の製品やサービスを購入していることを意味しますので，日本国内でモノが売れず不況に苦しんでいる日本企業にとっては救いになってきました。つまり，輸出の増大がバブル崩壊後の景気後退を緩和していたのです。なお，2011年以降の動きについては，章末の「Working（調べてみよう）」を参照して下さい。

しかし，日本の経常収支の黒字は，当然ながら相手国での経常収支の赤字を意味します。自由に国際取引が行われていれば一時的に経常収支が赤字になったり黒字になったりするのは自然なことなのですが，経常収支の赤字は，政治的に**貿易摩擦**を深刻化させる要因になります。というのも，赤字国では外国製品のシェアが拡大し，外国製品との競争に敗れた企業の倒産やリストラなどが深刻化するからです。たとえば，1980年代中頃にはアメリカの対日赤字が膨らみ，アメリカの自動車産業などの業績が悪化し，日米関係が険悪になりました。そのため，ある程度以上の経常収支の黒字は国際政治的に困難であると考えられます。

ところで，経常収支の黒字を金融面からみることもできます。経常収支の黒字は，日本が外国から受け取る金額と外国に支払う金額との差額です。た

図表２－８ ▶ ▶ ▶ 対外純資産の国際比較

（単位：兆円）

	日本	中国	ドイツ	イギリス	アメリカ
2006年末	215.1	78.8	87.9	−61.9	−302.1
2019年末	364.5	231.8	299.8	−79.9	−1,199.4

出所：財務省「令和元年末現在本邦対外資産負債残高の概要」（2020年５月）および過去分をもとに筆者作成。

とえば，日本が自動車をアメリカに10台売って10万ドル受け取り，パソコンを100台買って9万ドル支払っている場合，経常収支の黒字は1万ドルになり，1万ドルが日本の手元に残ります。この1万ドルで，日本はアメリカの国債を買ったり，アメリカの銀行に預金をしたりします。つまり，経常収支の黒字分とは，日本がアメリカにお金を貸している部分だともいえるのです。

経常収支の黒字が続くということは**対外資産**の額が増えることを意味しているのです。逆に，経常収支が赤字なら，対外資産が減少します。**図表2－8**に示しているように，経常収支の黒字の累積により，日本の対外純資産額は主要国で最も大きく，逆に，経常収支の赤字が続くアメリカは巨額の対外純負債を抱えています。

7／外国為替レート

ある国の通貨と他の国の通貨の交換比率を**外国為替レート**と呼びます。日本の場合，円と米ドルの交換比率がもっとも重要な外国為替レートとなっています。1ドルと交換するのに何円必要かという為替レートの表示方法（た

図表2－9 ▶▶▶ 円高と円安

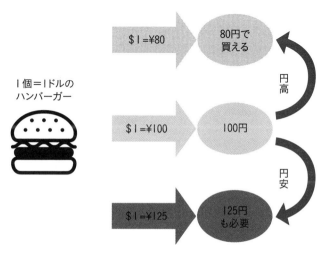

図表2−10 ▶ ▶ ▶ 対ドル為替レートの推移

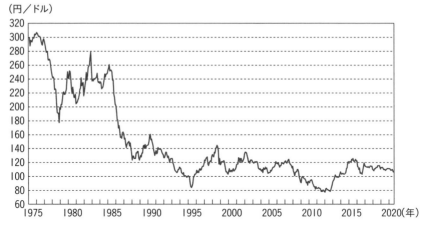

出所：日本銀行公表の「東京市場　ドル・円　スポット」（17時時点／月末値）をもとに筆者作成。

とえば，１ドル＝100円）が日本では普通ですが，これは邦貨建ての為替レートです。１ドル100円から１ドル125円に為替レートが変化した時，円安が起こったといいます。これは，以前なら100円で１ドルが入手できたのに，いまや100円では0.8ドルしか入手できず，円の価値が下がったからです（**図表2−9**）。

　為替レートは貿易取引や国際金融取引に大きな影響を与えます。円安は外国製品の円建て価格を上昇させます（**図表2−9**でいえば，１ドルのハンバーガーの価格が125円になる）ので，輸入品の魅力が低下します。逆に，円高は，外国製品の魅力を高めます。外国人から見れば，円高は日本製品の値上がりになり，円安は値下がりになります。そのため，円安は一般に日本の輸出企業の収益を改善し，逆に円高は輸出企業の収益を悪化させます。

　対ドル為替レートの実際の推移を示したのが，**図表2−10**です。1980年代中頃には１ドル250円を上回る円安となり，対米貿易黒字（アメリカから見れば対日貿易赤字）が大きな国際問題となりました。1985年９月の**プラザ合意**（主要国がニューヨークのプラザホテルに集まりドル高是正に合意）をもとに円高誘導策がとられると，一転して急激な円高が進行し，今度は円高

不況を招くことになってしまいました。この不況に対処するための積極的な金融政策が，1980年代後半のバブル経済の一因になったと批判されています。

　2011年から2012年には，1ドルが70円台の超円高となりました。そのため，日本の輸出型企業は海外生産を積極化し，国内から雇用機会が流出することになりました。2013年に始まった積極的な金融緩和政策によって，円高の是正が進み，120円を超える円安となりました。その後は100円から120円の範囲で推移しています。図表から見るとわずかな変動に見えますが，1年間に20円の相場の変化は，たとえば，アメリカから輸入する1ドルの商品の価格が100円から120円に20％も変化することを意味します。数％の消費税の引き上げが大きな問題になったことを考えると，経済に対する影響の大きさが想像できるでしょう。

　このように為替相場は大きく変動することが多く，日本企業の経営にとって大きな不確実性要因となっています。そこで，企業は為替リスクを減らすための金融取引（為替ヘッジ取引）を行ったり，円建てでの取引を増やしたりするなどさまざまな工夫をしています。

Working　　　　　　　　　　調べてみよう

　図表2—7を見ると，2011年以降，経常収支の黒字は大幅に縮小しました。その理由の1つは，東日本大震災の影響で，発電のために天然ガスの輸入が増えたことがあります。一方で，図表2—8で示したように日本は海外に多額の資産を持っていますので，それからの利子や配当が増えて，所得収支（2014年からは，厳密には第1次所得収支と呼ぶようになりました）の黒字が拡大しています。財務省は毎月国際収支統計を発表していますので，日本の経常収支や所得収支の動向や，その動きがどうして起こっているのかを調べてみましょう。

Discussion　　　　　　　　　　議論しよう

　インフレとデフレにはそれぞれ弊害があります。デフレは，お金を借りて投資をする企業にとって重い負担となり，企業の投資が抑制されたり，消費者は値下がりしてから買おうと思うので，消費が抑制されたりします。反対に，インフレは企業や消費者にどのような行動を促すかを議論してみましょう。

第 3 章

GDP（国内総生産）

Learning Points

▶経済全体の活動水準を示す統計が国内総生産（GDP）です。GDP の意味を正しく理解しましょう。
▶実質 GDP と名目 GDP の違いを理解しましょう。
▶実際の GDP 統計を使って，日本経済の状況を詳しくみてみましょう。

Key Words

国内総生産　付加価値　実質GDP　名目GDP　GDPギャップ

1 GDP の概念

1.1 GDP の定義

　マクロ経済学のもっとも基本的な概念がこの **GDP**（**国内総生産**）だろうと思います。毎日の新聞に載っている経済記事の半分はこの GDP にかかわるものだといって過言ではないでしょう。皆さんの多くは GDP 統計を作るわけではありませんから，細かいことにこだわる必要はないと思いますが，GDP 統計が何を語っているのかは正しく理解しておくべきです。

　ではまず，GDP とは何かを説明しましょう。GDP の定義は，「一定期間（通常は 1 年）に国内において生み出された財・サービスの付加価値額の総計」ということになります。しかしこれでは何のことかよくわからないと思います。

　とくに付加価値というのはあまりなじみのない用語だと思いますので，とりあえず，「収入」と置き換えると，GDP というのは皆さんの家の収入のよ

うなものだといえます。収入を年収と考えるか月収と考えるかと同様に，GDPもある期間について定義されます。普通は1年を単位として考えます。ちなみに，GDPや所得のように一定期間について定義される変数を**フロー変数**と呼びます。それに対して，たとえば，国富や貯金残高のように一時点において定義される変数を**ストック変数**と呼びます。

1.2 付加価値

　以上の説明で，GDPとは1年間に日本国内で得られた収入ということになります。しかし，収入という用語はなじみ深い言葉ですが，それだけにいろいろな意味にとられかねません。そこで，GDPの定義では，付加価値という専門用語が使われています。

　付加価値とは，産出価値額から中間投入を控除したものと定義されますが，それではわかりにくいと思います。そこで，付加価値のことを，例を使って説明しましょう。**図表3−1**をみてください。

　この図が意味しているのはこんなことです。農家が米を生産します。議論を簡単にするために，米を作るのには農薬や苗などを買ってくる必要はなく，農家の労働だけが必要だとしておきます。農家は，生産した米を食品メーカーに100万円で売却します。食品メーカーはこの米を使って餅を作り，その餅を150万円でスーパーに売却します。スーパーはこれを200万円で消費者に売ります。

　この一連の経済活動の規模をどのように評価するとよいでしょうか。1つの考え方は，各経済主体（この場合は，農家，食品メーカー，スーパー）に売り上げを聞いてそれを合計するという方法です。この例でいえば，450万円（＝100＋150＋200）となります。しかし，こうした考え方ですと，食品メーカーとスーパーの間に問屋が加わると，金額が大きく膨らむことになります。たとえば，問屋が150万円で食品メーカーから餅を購入して，スーパーに170万円で売却したとしましょう。売り上げの合計という考え方では，経済活動の大きさは620万円になってしまいます。しかし，ちょっと考えて

図表3－1 ▶▶▶経済活動の例

農家：米を生産　　　　　　　　食品メーカー：餅の生産

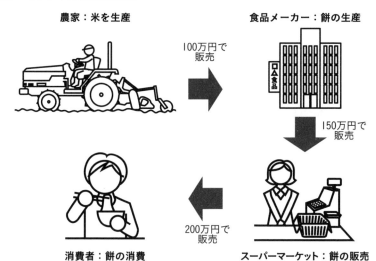

100万円で販売

150万円で販売

200万円で販売

消費者：餅の消費　　　　　　　スーパーマーケット：餅の販売

みればわかるように，問屋が加わったことで私たちが食べられる餅の量は増えていません。したがって，経済活動の大きさが，問屋が加わるだけで変動してしまうようでは困ります。

　そこで付加価値という概念が使われます。たとえば，食品メーカーは仕入れた米に手を加えて餅を作りました。仕入れた米は100万円の価値しかなかったのですが，手を加えて作った餅は150万円の価値を持つようになりました。つまり，食品メーカーの努力によって，50万円の価値が増加したわけです。この価値の増加分を付加価値というのです。**図表3－1**の例でみると，農家は何もないところから100万円分の米を作りましたので，付加価値は100万円です。食品メーカーの付加価値はすでに説明しましたように50万円です。そして，スーパーはきれいに包装して売るというサービスによって，50万円の付加価値を生み出しています。この付加価値を合計すると200万円になります。

　さて，先に考えたように，問屋が介在した場合はどうなるでしょうか。この場合，農家と食品メーカーの付加価値額は変化しません。問屋は150万円

で仕入れたものを170万円で売却したのですから，20万円の付加価値を加えたことになります。おそらくスーパーから食品メーカーへの注文を円滑に処理したことによるものでしょう。そして，スーパーの付加価値は，30万円（＝200－170）に減りました。このように，問屋が介在した場合の付加価値を合計してもやはり200万円になります。

日本経済全体では，こうした付加価値を生み出す活動が至るところで行われています。日本のGDPは，1年間に日本国内で生み出された付加価値を合計したものなのです。

1.3 国内生産の意味

ところで，付加価値を1つひとつ加えていくよりも，最後の消費者の購入価格（最終消費支出）で測った方が簡単ではないかという考え方も出てきます。たしかに，先の例では，消費者の購入価格は200万円で，これは問屋が介在していようがいまいが変わらない値ですし，付加価値額と同じになります。

しかし，これはすべての経済活動が日本国内で行われている場合には正しいのですが，一部の活動が外国で行われていると話が異なってきます。たとえば，農家が米を作るために必要な農薬をアメリカから30万円で購入していたとしましょう。この場合，農家の付加価値は100万円ではなく，70万円になります。後のプロセスが同じだとして，国内で生み出された付加価値は170万円になります。つまり，外国に支払った分だけ国内で生み出された付加価値は，最終消費支出よりも小さくなるわけです。外国に支払った30万円は私たちの所得にはならないわけですから，「日本国内」という観点から経済活動をとらえる場合には，加えない方が適当だろうということになります。

したがって，もし最終消費額を使って計算する時には，最終消費額から，輸入による寄与分を除くという作業が必要になります。逆に，外国の消費者が購入してくれた部分（輸出）は国内の消費者の支出を調べても出てきませんので，その分を加える必要が出てきます。後ほど説明しますが，最終支出

に輸出入の分を調整して GDP を表示するという，支出側からみた GDP 統計が実際にはよく使われています。

2 / GDP と所得

　こうした GDP が経済政策のもっとも重要な指標になっていることは，ある意味で当然です。それは，この付加価値から私たちの給料が支払われるからです。たとえば皆さんが食品メーカーに勤めているとしてください。この会社は100万円で仕入れた米を加工して150万円の餅にし，50万円の付加価値を得ています。会社はこの50万円から従業員に給料を支払い，お金を借りているならば金利や元本も返済しなければなりません。残ったお金が，工場の施設を作るためにお金を出した人（企業の株主）に配当として支払われます。

　つまり，会社が払えるお金の上限はこの付加価値になるわけですから，これが減少すれば皆さんが（労働者として，債権者として，あるいは株主として）受け取れる金額も当然少なくなります。GDP は生産額を示していますが，裏を返してみると，私たちの所得を示していることにもなるのです。したがって，マクロ経済学の議論では，所得と生産はしばしば同じ概念として使われています。

3 / 名目 GDP と実質 GDP

　経済統計で重要な概念として，実質と名目があります。**名目 GDP** は，その時点での市場価格で評価した GDP ということで，**実質 GDP** は，ある過去の一時点での市場価格で評価した GDP ということになります。

　たとえば，2010年にリンゴを 5 個生産し，2020年に 3 個生産する経済があったとしましょう。2010年にリンゴ 1 個の価格が100円，2020年に 1 個200円であるとします。この時，2010年の名目 GDP は500円（＝ 5 個×100円）で，

図表3－2 ▶ ▶ ▶ 名目 GDP と実質 GDP

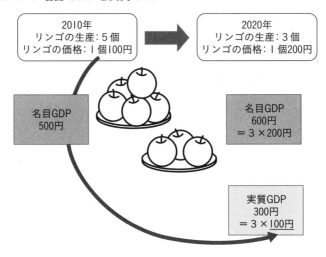

2020年の名目 GDP は600円になります。名目 GDP は1.2倍に増加したことになります（**図表3－2**）。

　経済活動の大きさは本当に1.2倍にもなったといってよいでしょうか。多くの人は，食べることのできるリンゴの数はむしろ5個から3個に減ってしまったので，経済活動は低迷していると感じるでしょう。名目 GDP が大きくなったのはリンゴの価格が100円から200円に値上がり（インフレ）しているからです。もしインフレがなかったらどうなるかを考えるのが，実質 GDP なのです。

　つまり，2020年のリンゴ3個を2010年の価格で評価してみるのが実質 GDP です。すると，2020年の（2010年の価格で評価した）実質 GDP は，300円（＝3個×100円）になります。実質 GDP でみると，経済活動は大きく低下していると判断されます。

　なお，消費者物価指数や卸売物価指数と並んで，物価指数としてよく使われる **GDP デフレーター**は，名目 GDP と実質 GDP の比率で定義されます。この例ですと，2（＝600/300）になりますので，GDP デフレーターで測った（2010年から2020年の）物価上昇率は2倍ということになります。

インフレ率がほとんどゼロである場合には両者の差異はそれほど大きくありませんが、今の例のように物価が変動する場合には実質と名目の動きが大きく乖離することがあります。GDP統計をみる場合、物価の変動についても注意しておかねばならないのです。

4 / GDP統計の実際

次に、GDPの具体的な内容を見ていくことにします。**図表3—3**は内閣府が発表した2019年のGDP統計です。こうした統計は、発表されれば必ず新聞に載りますし、今では内閣府のホームページに掲載されていて、必要な時に最新の統計を入手することができるようになりました。

まず、2019年の**名目国内総生産**（GDP）は554兆円であることが読みとれます。先ほど説明した考え方だと、GDPは付加価値の合計ですから、おそらく皆さんは農家X兆円、食品メーカーY兆円といったように企業あるいは産業ごとに統計が整理されていると予想したのではないでしょうか。もちろん、そうした形の統計も整備されているのですが、普通は、ここで掲げたような最終支出側から整理したGDP統計を利用します。

この表に掲げている形式では、最終的な支出主体を、家計、企業、政府および海外に整理してあります。もちろん、家計と企業が民間需要を形成し、政府が公的需要を形成します。

図表3—3での「**民間最終消費支出**」という部分が、皆さんが毎日パンを買ったり、電話を使ったりしてお金を支払っている部分です。2019年には306兆円でしたから、GDPの約6割が民間消費ということです。

次に表にあるのは、「**民間住宅**」です。これは、私たちが家を建てるために使ったお金です。パンや電話代と違って住宅は何十年も使うものですし、他の支出項目と比べて桁違いに大きな金額になりますから、経済政策上、注目されることが多く、統計でも別立てになっています。

その次から2つが、企業の支出（**投資**）です。まず、「**民間企業設備**」と

図表3－3▶▶▶2019年のGDP

	名　目	増加率	実　質	増加率
国内総生産（支出側）	553,741	1.3	535,901	0.7
民間最終消費支出	305,777	0.4	299,206	0.1
民間住宅	16,980	3.3	15,422	2.0
民間企業設備	88,441	1.1	85,982	0.7
民間在庫品増加	1,293	＊＊＊	1,408	＊＊＊
政府最終消費支出	110,815	2.3	109,178	1.9
公的固定資本形成	29,278	4.5	26,790	2.9
公的在庫品増加	－ 4	＊＊＊	－ 14	＊＊＊
財貨・サービスの純輸出	1,161	＊＊＊	－2,625	＊＊＊
輸出	96,969	－4.4	91,918	－1.6
輸入	95,808	－4.6	94,543	－0.7

注１：2020年8月3日公表値に基づく。
注２：実質は，2011暦年連鎖価格に基づく。
出所：内閣府「国民経済計算」をもとに筆者作成。

いうのは，企業が新しい工場を造ったり，新型のコンピュータを設置したり
するのに使ったお金です。2019年で88兆円になります。2つ目は「**民間在庫
品増加**」という項目です。企業は見込み生産をしていますから予想以上に売
れなくなると在庫品がたまります。2019年の場合，在庫品増加は1.3兆円と
なっていますから，在庫が増加したことを意味します。在庫は増えればよい
というものでもありません。たとえば，企業の販売予想よりも実際の販売が
不調だと，在庫は増えてしまいます。この場合の在庫の増加は売れ残りであ
り，次期での生産調整が不可欠となります。一方で，企業が将来の販売を強
気に見込んで販売機会を取りこぼさないように，積極的に在庫を積み増すこ
ともあります。この場合は在庫が増えていることは経済の先行きへの企業の
強気の見方を示しています。このように，在庫の増減から経済の状況につい
てさまざまな分析が可能ですので，経済学者の中にはこの在庫品の動きを見
て景気の動向を調べる人もいます。

　次に**公的需要**ですが，政府（国だけではなく地方公共団体も含みます）の
支出です。政府は私たちと同様に消費支出も行いますが，道路やダムなどの

ように長期間利用できる施設も建設します。ちょうど住宅を別立てにしたように，政府部門も「**政府最終消費支出**」（たとえば，公務員の給料や役所の電気代など）と，「**公的固定資本形成**」（道路など）および「公的在庫品増加」とに分けて計上されています。合計で140兆円ですから，GDPの約4分の1です。

　最後にあるのが，**輸出入**です。先に説明したように，日本の国内の付加価値を計算する際に，外国からの輸入を控除しないと，国内の最終支出の単純な合計はGDPを過大評価してしまいます。民間消費や投資の一部は外国の商品の購入だからです。逆に，輸出を国内支出に加える必要があります。ここでの統計では輸出と輸入をあらかじめ相殺して，**純輸出**の形で計上しています。たとえば，先の例で，30万円の農薬をアメリカから購入する一方で，スーパーが100万円分を外国で販売したとします。GDPは，国内消費者の最終支出100万円に，輸出100万円を加え，輸入30万円を控除して，170万円となります（純輸出は70万円です）。2019年の場合，輸出が輸入よりも多いので1兆円ほどのプラスとなっています。

　以上で，GDPの見方を説明しました。GDPの動きを詳しく知ることが経済そのものを見ることになります。そのためには，GDPの構成要素である消費や投資などを別々に詳しく見ていくことが便利です。たとえば，不況（GDPの成長率が低い）としても原因がどこにあるのかわからなければ，対応策はとれません。消費が低迷して不況になっているのなら，消費税を引き上げてはますます不況を深刻にするでしょうし，企業投資が落ち込んでいるのなら投資減税が効果的です。このように各要素の動きを細かく見ることが適切な対応をとるために必要なのです。

5 GDPの三面等価

　最後に，付加価値を「生産」面から見た値（**国内総生産**：GDP）と，「所得」面から見た値（**国内総所得**：GDI），および，「支出」面から見た値（**国内総支出**：GDE）が等しくなるように，実際のGDP統計が作成されている点に注意しておきましょう。**図表3－4**のように，この生産＝所得＝支出という関係を，GDPの**三面等価**と呼んでいます。

　支出（つまり，需要）と生産（ないし所得）が等しいということは，作った物がすべて売れているように感じられるかもしれません。しかし，それは，統計を作成する上で，売れ残りを在庫品投資として取り扱っているからです。しかし，現実の在庫品の増加には，将来の販売増加に備えた意図的なもの以外に，予想に反して生じてしまったものがあります。後者の場合には，GDP統計上は支出と生産が一致していますが，経済学的な意味（この内容はこれから説明していきます）では需要と供給は一致していません。つまり，統計作成上の約束事である三面等価と，需要と供給が等しいという経済学的な意味の均衡とは別の話なのです。

図表3－4 ▶ ▶ ▶ **GDP統計の三面等価**

					対家計民間非営利サービス	
国内総生産（GDP）	産業					政府
	製造業	サービス業	卸売・小売業	建設業	その他の産業	

国内総支出（GDE）	最終消費支出	総資本形成	純輸出

国内総所得（GDI）	雇用者報酬	営業余剰		間接税－補助金	固定資本減耗
		財産所得	企業所得		

6 / GDPギャップ

　図表3—3のようにGDP統計で示されている金額は，私たちが実際に獲得した所得の大きさを示しますので，非常に重要な数値であることは間違いありません。しかし，これが日本の労働者や機械設備（資本）を十分に活用して得られるGDP（**潜在GDP**と呼びます）と等しいとは限りません。皆さんも試験の点数と本当の実力が違っていると感じることは少なくないと思いますが，現実のGDP（試験の点数）と潜在GDP（本当の実力）が違っていれば（その差のことを**GDPギャップ**と呼びます），日本経済が十分に実力を発揮していないことを意味します。本書でこれから見ていくマクロ経済政策は，そうしたGDPギャップをできるだけ小さくするために実施されています。

　経済政策を実施するためにはどうしても知っておかねばならない数値ですので，政府や日本銀行などがいろいろな推計を試みていますが，皆さんの「本当の実力」を調べることが難しいのと同様に，日本経済の潜在GDPを正確に求めることも非常に難しい課題です。たとえば，**図表3—5**は，日本銀行が推計したGDPギャップの推移を示したものです。これを見ると，1993年

図表3—5 ▶ ▶ ▶ GDPギャップの推移

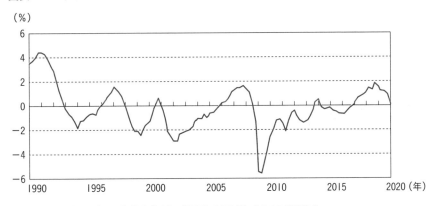

出所：日本銀行「需給ギャップと潜在成長率」（2020年7月3日）をもとに筆者作成。

ごろから2016年まで，GDP ギャップはマイナスになることが多くなっています。詳しくみると，2005年から2008年にかけて，プラスとなりましたが，グローバル金融危機の発生で，GDP ギャップはマイナス６％近くまで大幅に悪化しました。このように，バブル経済の崩壊以降，日本経済の実力を十分に発揮できていなかったこと（つまり，大量の失業や設備の遊休化）がわかります。

　さらにいえば，2014年頃からは GDP ギャップはほぼ解消されていますが，図表２－１でみたように実質経済成長率は高まってきませんでした。これは，日本経済の真の実力（潜在成長率）が低下してしまっていることを意味します。図表３－６に示した日本銀行が推計した潜在成長率をみると，潜在成長率は１％程度であり，さらに2015年以降，低下傾向にあります。少子高齢化は潜在成長率を低下させますので，潜在成長率を高めるには抜本的な構造改革（成長戦略）が必要となっています。

図表３－６ ▶ ▶ ▶ 日本経済の潜在成長率

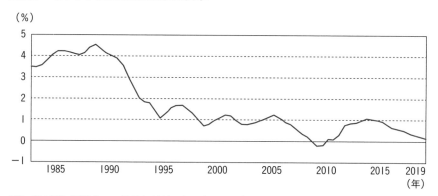

出所：日本銀行「需給ギャップと潜在成長率」（2020年７月３日）をもとに筆者作成。

Working　　　　　　　　　　　　　　　　　　　　　調べてみよう

1. **日本銀行は，金融政策決定会合において日本経済の状況を分析します。下記は，2020年７月に発表された文章からの抜粋です。第４節で，GDP は，家計（消費），企業（投資），政府，海外部門の支出で構成されていることを説明しましたが，この文章でそれぞれについてどのように分析しているかを考えてみましょう。**

そして，日本銀行の HP から最新のものをダウンロードして，現在の経済状況についての日本銀行の見方を調べてみましょう。

日本銀行による日本経済の現状分析

> わが国の景気は，経済活動は徐々に再開しているが，内外で新型コロナウイルス感染症の影響が引き続きみられるもとで，きわめて厳しい状態にある。海外経済は，持ち直しに向かう動きもみられるが，感染症の世界的な大流行の影響により，大きく落ち込んだ状態にある。そうしたもとで，輸出や鉱工業生産は大幅に減少している。企業収益や業況感は悪化しており，設備投資は横ばい圏内の動きとなっている。感染症の影響が続くなかで，雇用・所得環境には弱い動きがみられている。個人消費は飲食・宿泊等のサービスを中心に大幅に減少してきたが，足もとでは，持ち直しの動きがみられる。住宅投資は緩やかに減少している。この間，公共投資は緩やかに増加している。

出所：日本銀行「経済・物価情勢の展望（2020年 7 月）」2020年 7 月16日。

2．GDP に，海外からの利子や配当の純受け取りを加えたものを国民総所得（Gross National Income：GNI）といいます。日本が海外に持つ資産が増えてきたために，海外からの純所得が増加してきており，GDP に比べて GNI の方が 5 ％程度大きくなっています。内閣府の「国民経済計算」で公表されていますので，GNI の変化を調べてみましょう。

Discussion 議論しよう

世界各国の経済力を比較するのに，各国の GDP の大きさや 1 人当たり GDP の大きさを使います。下表は2017年の GDP 規模が 2 兆ドル以上の国のリストです。表には，2000年から2017年の間に GDP が何倍に増えたかも示しています。これらを見て，世界経済の構造的な変化について議論してみましょう。

2017年の世界の主要国の GDP（アメリカドル建て）

（単位：兆ドル）

アメリカ	中国	日本	ドイツ	イギリス	フランス	インド	ブラジル
19.5	12.2	4.9	3.7	2.6	2.6	2.6	2.1
1.9	10.1	1.0	1.9	1.6	1.9	5.6	3.2

注：下段は，2000年のドル建て GDP に対する2017年の GDP の倍率。
出所：総務省統計局『世界の統計2020』。

消費と貯蓄

Learning Points

▶消費関数の考え方を理解しましょう。

▶限界消費性向と平均消費性向の違いに注意しましょう。

▶日常用語の貯蓄と，マクロ経済学における貯蓄の概念を区別して理解しましょう。

Key Words

消費行動　限界消費性向　平均消費性向　消費関数　貯蓄率

1 消費関数

1.1 家計の消費行動

先の**図表3－3**で示されているように，GDP の約6割が民間消費で占められています。当然ながら，**消費**が上下すると GDP が大きく変動することになります。したがって，マクロ経済学では，消費は非常に重要な考察の対象です。

社会は個々人の集まりですから，日本経済全体の消費量は個々人の消費量の合計になるはずです。すると，個々人の消費がどのようになるかを考えれば，日本経済全体の消費がどのように変化するかのおおよそのことはわかるはずです。したがって，まず皆さんの消費がどのように決定されているかを考えましょう。

図表4－1には，平均的な家計の収支状況（2019年）を示しています。家計の消費支出は約32万円で，食費が24％を占めています。そのほか，交通・

図表4－1 ▶▶▶2019年の家計収支の状況（2人以上の勤労者世帯）

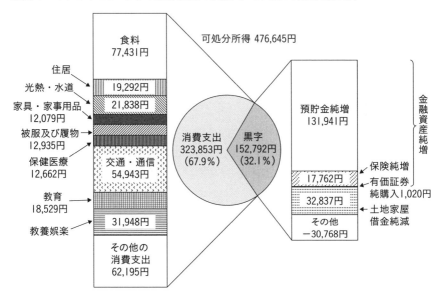

注：勤労者世帯の平均世帯人員は3.31人，世帯主の年齢は49.6歳である。
出所：総務省『家計調査年報（家計収支編）2019年』をもとに筆者作成。

通信費や教養娯楽費が大きな支出項目です。こうした支出の内訳は，企業の経営者にとっては大変重要です。たとえば，**図表4－2**に示したように最近の消費者は携帯電話の使用料（図では通信費）にお金を使うために，安い衣料を買うようになったといわれます。そうすると，衣料品店の経営は苦しくなります。

　こうした個別の商品への支出は，嗜好やライフスタイルの変化，相対価格の変化などによって説明されます。マクロ経済学では，そうした個別の支出内容ではなく，その支出合計額に注目します。

　私たちは消費総額をどのように決めているのでしょうか。皆さんの生活実感から考えて，所得が多い人ほど消費支出が多いと考えられるでしょう。経済学の文献では，所得のうち消費に使う部分の割合を（平均）**消費性向**と呼んでいます。10万円の所得があるA君が8万円を消費に充てているとすると，消費性向は0.8となります。もし，30万円の所得のあるB君も同じ消費性向

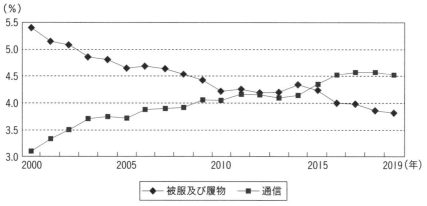

図表4－2 ▶ ▶ ▶ 衣服費と通信費の家計消費支出に占める割合の推移

出所：総務省「家計調査」（全国，総世帯の平均額）をもとに筆者作成。

を持っているならば，B君の消費額は30万円×0.8＝24万円となります。

消費額が所得額に影響を受けることを，数式を使って表してみましょう。消費性向を c，A君の消費額を C_A，A君の所得を Y_A としますと，次のように書けます。

$$C_A = cY_A$$

これを数学的に見ると，消費を所得の関数として表しているといえますので，**消費関数**と呼ぶことが多いようです。もっと専門的に，今期の消費は今期の所得水準だけの関数だと定式化していますので，ケインズ型の消費関数と呼ぶこともあります。

1.2 社会全体の消費

社会全体の消費額は，社会を構成する各人の消費の合計です。たとえば，社会が，A君，B君，D君の3人で成り立っているとしましょう。すると社会全体の消費 C は3人の消費の合計ですから，上と同じ記号法を使えば，$C = C_A + C_B + C_D$ となります。上の消費関数を利用すると，各人の消費はそれ

ぞれ cY_A, cY_B, cY_D のように表すことができますから，数式的には次のようになります。

$$C = C_A + C_B + C_D = cY_A + cY_B + cY_D = c(Y_A + Y_B + Y_D)$$

上の式の $(Y_A + Y_B + Y_D)$ は 3 人の合計所得ですから，社会全体の所得です。したがって，社会全体の消費は，社会全体の所得の関数であるといえることになります。社会全体の所得を Y と書けば，社会全体の消費関数は次のように書けます。

$$C = cY$$

これがマクロ経済の消費関数です。

1.3 限界消費性向と平均消費性向

今後の議論で，消費性向 c が非常に重要な位置を占めます。そこで，もう少し詳しく，消費性向のことを説明しておきたいと思います。まず，**消費性向**は「所得に占める消費の割合」と定義しましたが，所得のうち税金や社会保険料など強制的に支払わされる部分は私たちが使うことができません。そこで，所得から税金などを引いた残り（これを可処分所得と呼びます）に対する消費の割合を考えることが（実際の政策論争では）多いようです。ただし，税金の問題を考えると議論が複雑になりますので，本書の理論モデルでは，特に可処分所得を考えることはしません。

第 2 に，より重要なことがあります。それは，上で述べた定義は**平均消費性向**と呼ばれるものだということです。それに対して，すでに生活している人があと100万円の所得を追加的に受け取った時に，その100万円のうちのどれだけを消費するかという割合として消費性向をとらえる場合もあります。これが**限界消費性向**です。ミクロでもマクロでも経済学では「限界」という用語がよく出てきますが，「追加的部分に関しての」という意味です。

たとえば，年収500万円の家庭で消費に400万円を充てていたとします。こ

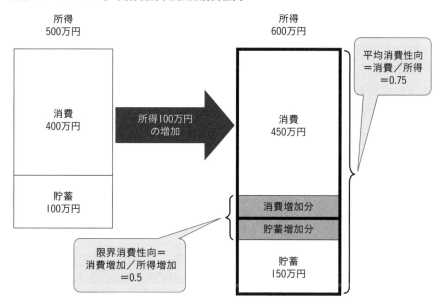

図表4－3 ▶▶▶ 平均消費性向と限界消費性向

こで所得が100万円増加して600万円になったとします。そして，所得増加後の消費支出は450万円だったとします。すると，平均消費性向は0.8（＝400/500）から，0.75（＝450/600）に低下したことになります。一方，限界消費性向は，所得が100万円追加されて，消費が50万円追加されたので，0.5（＝50/100）ということになります（**図表4－3**）。

　一般に，平均消費性向は所得とともに変化します。たとえば，貧しい人は所得のほとんどを消費に充てざるを得ませんから，平均消費性向は1に近くなります。所得の多い人は消費支出を十分にまかなってもお金が残りますから，平均消費性向は1よりもかなり低くなります。同じように，限界消費性向も，所得水準で異なります。たとえば，貧しい人は新たに増えた所得の多くを消費に充てるでしょうから，限界消費性向は高くなります。

　実際の経済政策の効果などを判断する場合，経済政策によって，消費や投資がどれだけ増えたかが問題になるわけですから，追加部分の大きさが重要です。経済学の用語を借りれば，「限界」部分が政策の主な関心になるわけ

です。したがって，以下で消費性向という時には，ほとんどの場合，「限界」消費性向を指していると考えておいてください。

　数式でも確認しておきましょう。消費関数を $C = c_0 + c_1 Y$ としますと，限界消費性向は c_1 です。この式を少し変形して，平均消費性向が $C/Y = (c_0/Y) + c_1$ で表せることもわかります。平均消費性向は限界消費性向よりも (c_0/Y) の分だけ大きいということになります。c_0 がゼロであれば，平均消費性向と限界消費性向は一致しますし，c_0 が Y に比べて十分に小さければ，（理論的な差異を理解しておくことは重要ですが，実体経済を解釈する上で）両者の値の差にそれほど神経質になる必要はありません。

1.4　消費に影響する所得以外の要因

　今までの説明では消費に影響するのは所得だけであるかのように説明してきました。皆さん自身の消費行動から，所得以外の要因で消費に影響しそうなものをあげることはそれほど難しくないでしょう。いくつかあげておくことにしましょう。

　第1に，**金利**です。もし金利が大変高ければ，銀行にお金を預けておいて使うのをしばらく待つかもしれません。

　第2に，資産の額です。仮に年収がそれほど多くなくても，膨大な資産を持っている人は，そうでない人よりも消費額が多いと思われます。月給30万円の人同士でも，住宅ローンもなく自宅を持っている人と，住宅ローンを抱えている人とでは，消費額は異なるのが普通です。こうした資産の額による消費への影響を**資産効果**と呼んでいます。バブル経済の時期には，株や土地の値上がりによって，にわかにお金持ちになった人々が高級品の消費を拡大しました。

　第3に，将来の**予想**というものも影響してきます。たとえば，今後所得が減っていきそうだと思っている人と，逆に所得が増えていきそうだと思っている人とでは，現時点では同じ所得であっても消費額は異なるだろうと思われます。

この考え方を厳密に展開したものとして，ライフサイクル仮説や恒常所得仮説という消費理論があります。そうした理論では，私たちの今日の消費は生涯所得に影響されると考えます。確かに大金持ちの息子で，将来，大きな財産を相続することが決まっているような人は，現在はたとえ低所得であったとしても，より多くの消費をするでしょう。また，1回限りの臨時所得を得ても生涯所得にはほとんど影響しませんので，臨時所得の増加は恒常的な所得の増加ほどには今期の消費に影響しないと考えられます。こうした理論からわかる大切なことは，同じ所得の増加であったとしても，将来についての予想によって消費への影響の仕方は異なってくるということです。

2 / 日本の消費関数

以上のように実際の**消費関数**はもっと複雑であるということを承知の上で，もっとも簡単な消費関数（今期の所得のみが重要）である $C = c_0 + c_1 Y$ に議論を絞ることにしましょう。

当然，現実はどうなっているのかが知りたいでしょう。そこで，縦軸にC（民間最終消費支出），横軸にGDPをとってグラフを描いてみることにしました。統計の関係で，1980年から2019年の40年間について描いてみたのが，**図表4−4**です。

黒丸が現実の値です。おおよそ右上がりになっており，確かに所得が増えると消費が増えるという関係が見てとれます。こうした黒丸の点に対して，もっともあてはまりがよいように直線を引いてみました。この直線の描き方は最小自乗法という統計手法を使いました。

グラフの下の方に数式が書いてありますが，これが黒丸の点にもっともあてはまりがよいように引いた直線の式です。R^2（決定係数）というのはあてはまりのよさを示す統計で，1に近いほどよく，ゼロに近いほど悪いことになります。0.966ということですから，かなりあてはまりがよい直線だと判断されます。つまり，消費は今期の所得だけで十分に説明できるというこ

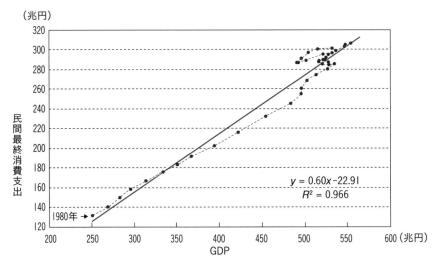

図表4−4 ▶ ▶ ▶ 消費関数

（兆円）

縦軸：民間最終消費支出

$y = 0.60x - 22.91$
$R^2 = 0.966$

1980年→

横軸：GDP（兆円）

注1：すべて，名目値（インフレの影響を含んだもの）を使用した。
注2：消費としては，民間最終消費支出を使用した。
出所：内閣府「国民経済計算」をもとに筆者作成。

とです。

　さて，この数式を見ると，（限界）消費性向は0.60ということがわかります。つまり，GDPが100兆円増えると，消費は60兆円増えるということになります。また，定数項（c_0）がGDP（約550兆円）に比べてかなり小さいので，限界消費性向と平均消費性向の差はごくわずかになります。実際，たとえば，2019年の平均消費性向は，GDP（＝所得）が554兆円，消費が306兆円ですから，0.55（＝306/554）ということになります。

　なお，理論的には，c_0は基礎的消費（所得がゼロでも生きていくのに必要な消費）ということで，プラスの値になることが期待されます。しかし，ここでの計測ではマイナスの値が得られています。このことは，本書の範囲を超えますが，厳密な分析においては，単純なケインズ型の消費関数では十分ではなく，バブル経済の崩壊などを正しく織り込まないといけないことを示唆しています。

3 / 消費と貯蓄

3.1 / 貯蓄とは

10万円の所得があった人が7万円を支出したとすると，3万円が残ります。この3万円のうち2万円を銀行に預金したとしましょう。さて，この人の貯蓄はいくらでしょうか。皆さんの日常的な感覚からいえば，銀行や郵便局に預ければ貯蓄という感じがしますから，2万円と考える人が多いかもしれません。しかし，経済学では財布に残った1万円も含めて（支出しなかった）3万円を貯蓄と定義します。つまり，**貯蓄**とは，所得のうち消費に使わなかった部分と考えるわけです。こう定義しますと，消費と貯蓄の合計は常に所得になります。

消費関数において所得が消費に影響を与えることを説明しましたが，当然，所得は貯蓄にも影響を与えることになります。消費性向が0.60なら，貯蓄性向は0.40になります。後の分析では，この関係を利用して，消費関数の代わりに**貯蓄関数**を使って議論することが多くなります。

3.2 / 日本人は貯蓄好き？

貯蓄性向の大きさは経済政策の効果を左右しますので，マクロ経済政策上，貯蓄性向は大変重要な変数です。そこで，各国の貯蓄性向を調べてみることにしましょう。**図表4—5**は世界主要国の貯蓄性向として**家計貯蓄率**を示したものです。これを見ると1990年代前半までは日本の貯蓄率が他国よりも高かったことがわかります。他方，アメリカは一貫して貯蓄率が非常に低い状況です。

日本の家計の貯蓄性向が各国に比べて高いこと，逆にいえば消費性向が低いことが，「日本人は貯蓄好き」といわれていた現象です。その理由としては，①ボーナス制度（貯蓄に向けられる可能性の高い臨時所得のウエイトが大き

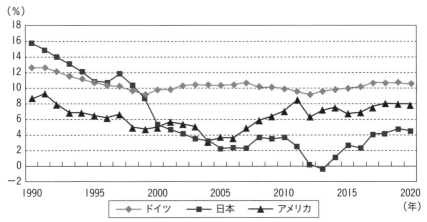

図表4－5 ▶▶▶主要国の家計貯蓄率

注：可処分所得に占める貯蓄の割合。2019年以降は予想値。
出所：OECD "Economic Outlook"（November 2019）および過去号を使って筆者作成。

かった），②人口構成（貯蓄をする若年層が多かった），③公的年金の未整備
（自分自身で将来に備える必要性が強い），④消費者金融や住宅金融の未整備
（いざという時の資金や住宅購入に巨額の頭金が必要），⑤貯蓄を優遇する税
制（金利収入を非課税にしていた），などが指摘されています。

　実際に，貯蓄目的を尋ねたアンケート調査（**図表4－6**）によりますと，「病
気・災害への備え」（2019年：58.0％），「老後の生活資金」（65.8％），「こど
もの教育資金」（32.0％）が主要な貯蓄の理由となっています。

　一方，最近の日本の貯蓄率の低下は顕著です。そのもっとも重要な理由と
しては，高齢化という人口構造の大きな変化が考えられます。**図表4－6**で
見たように，多くの人が老後のために貯蓄をしてきましたが，実際に高齢者
になってその貯蓄を使い始める人が増えてきたのです。その他の上記①，③，
④，⑤の理由についても，状況は大きく変わりました。

　また，大きな落ち込みは，不況期特有の現象（循環的な理由）の面もあり
ます。というのは，不況で所得が減ってもすぐに私たちが生活水準を変えら
れないからです。たとえば，年収1,000万円だから家賃20万円のマンション
に住んでいた人が，不況のために賃金カットがあって年収が900万円になっ

図表4－6 ▶▶▶金融資産保有の目的

	1963年	1970年	1980年	1990年	2000年	2010年	2019年
病気や不時の災害への備え	74.5	77.7	79.1	74.3	67.5	67.7	58.0
こどもの教育資金	54.7	51.7	53.5	40.0	32.2	29.2	32.0
こどもの結婚資金	—	—	—	17.3	11.8	6.7	4.7
住宅の取得または増改築などの資金	27.1	34.0	32.0	18.3	18.4	14.8	11.3
老後の生活資金	41.5	38.3	38.4	52.4	55.9	63.6	65.8
耐久消費財の購入資金	12.8	13.4	7.8	12.0	12.0	15.7	14.0
旅行，レジャーの資金	5.2	8.0	10.0	8.1	14.3	12.4	14.6
納税資金	6.2	4.2	4.8	5.2	5.3	6.1	6.2
遺産として子孫に残す	—	—	—	—	3.2	4.6	7.2
とくに目的はないが，金融資産を保有していれば安心	23.3	28.4	27.2	25.7	27.1	27.5	19.6
その他	2.6	2.2	1.2	2.5	2.8	4.0	5.6

注1：3つまでの複数回答である。
注2：1984年までは，「子供の教育・結婚資金」は1つの回答項目であった。
注3：2人以上世帯の回答。
出所：金融広報中央委員会「家計の金融資産に関する世論調査」。

たからといって，すぐに家賃18万円のマンションに引っ越しできません。したがって，所得が減っても消費支出がほとんど変化しないために，貯蓄が一時的に大きく減少することになります。

1. 同じはずの統計でも，統計の対象や前提の置き方によって大きく数値が異なってくることがあります。たとえば，図表4－1の家計は47.7万円の可処分所得を得て，15.3万円を貯蓄していますから，貯蓄率は32％になり，図表4－5の日本の数字とはかなり違います。その理由を調べてみましょう。

2. 実際の政策判断に使われる消費関数の例として，内閣府が『平成30年度　年次経済財政報告』（『経済財政白書』）の中で推計した消費関数を紹介しましょう。

推計結果は次の通りでした。

$$\ln (C_t) = 4.71 + 0.27 \ln (YD_t) + 0.30 \ln (FA_{t-1}) + \Sigma \hat{\beta}_i \, Dummy_{i,t}$$
$$(3.64)(2.13) \qquad (19.19)$$

変数の説明は次の通りです。

C_t：内閣府「国民経済計算」の実質民間最終消費支出（季節調整値）。

YD_t：内閣府「国民経済計算」の可処分所得の実質季節調整値の後方3四半期移動平均値。

FA_t：日本銀行「資金循環統計」の家計純金融資産残高の実質季節調整値。

$Dummy_{i,t}$：特定の第i四半期に1，それ以外の四半期は0となるダミー変数。今回は2009年1－3月期，2011年4－6月期，2013年10－12月期から2014年10－12月期の計7四半期において，それぞれダミー変数を設定した。

$\hat{\beta}_i$：第i四半期に1をとるダミー変数の係数。

推計期間　1998年1－3月期～2017年1－3月期。

　　推計式の中の，$\ln$というのは自然対数に変換したという意味ですが，実際の推計においては，そのままの数字よりも対数変換後の数値がよく使われます（こうした処理をする理由については，計量経済学のテキストを勉強して下さい）。また，係数の下のカッコの数値はt値です。大雑把に言って，このt値が2を超えていれば，その変数は説明力を持っていると考えられます（この点についても，計量経済学のテキストで勉強して下さい）。

　　この推計結果では，所得（YD）の係数（限界消費性向を意味します）はプ

ラスです（*t*値も2を超えている）ので，所得が伸びれば消費が伸びることは確認できますが，係数の値は0.27ですので，本章で求めた0.6とはかなり差異があります。この推計では，*FA* の係数もプラスですので，保有する金融資産の額も消費に影響することが示されています。

　消費関数を推定している分析を探してみたり，自分自身で消費に関係のありそうな変数を探して関係を分析したりしてみましょう。

Discussion	議 論 し よ う

　図表4—4では，日本の民間消費は GDP の6割程度であることを確認しました。この比率は国によって違います。中国の家計消費は4割程度で，中国経済の弱みの1つと指摘されています。その理由について議論してみましょう。

第 **5** 章 企業の投資

Learning Points

▶日常用語の投資とマクロ経済学での投資を使い分けられるようになりましょう。

▶金利が上がれば投資が減ることを説明できるようになりましょう。

▶投資の金利弾力性の意味を理解しましょう。

Key Words

投資　投資関数　投資の限界効率　実質金利　金利弾力性

1 投資の概念

　消費ほどのウエイトは持っていませんが，民間企業の投資支出は GDP の約16%（2019年）を占めています。また，消費に比べて**投資**は変動が激しいので，景気問題を考える上では，大変重要です。

　議論を進める前に，いくつか注意しておきたいことがあります。まず，本書では，需要サイドから投資を見るだけにしますが，投資の全体像を理解するには，投資が生産能力を拡大する役割を持っていること，つまり，投資の供給サイドへの影響も考える必要があるということです。しかし，本書では，主に短期の問題を扱いますので，投資が生産能力を拡大する効果にまでは踏み込むことをしません。

　それから，ここでの投資という用語は，日常用語や金融論での「投資」とは多少異なることにも注意が必要です。しばしば日常用語では，「株に投資する」といったようにお金の運用の仕方として「投資」という言葉を使いますが，マクロ経済学での投資は工場や機械設備といった生産財への支出のこ

とです。つまり，お金の使い方であって，お金の運用の仕方ではありません。

　もう1つ重要な点があります。それは，私が中古自動車を買って運送業を始めれば，私自身の視点から見れば，中古自動車に「投資」したことになりますが，マクロ経済の視点から見ると，それは投資ではないという点です。なぜなら，中古自動車はすでに誰かの持ち物だったわけで，新たに作られたわけではないからです。私のプラスの投資は，相手のマイナスの投資になっていて，経済全体を合計すると，この中古自動車への「投資」は相殺されてしまいます。言い換えると，マクロ経済全体で見た投資は，新しい自動車の購入だけになります。

2 投資の決定要因

　消費と同じように，社会全体の投資は個別企業の投資の合計になります。したがって，各企業の投資行動を知れば社会全体の投資の動きも知ることができるはずです。各企業はどのように投資額を決めているでしょうか。具体的にいえば，工場の新設や機械・装置の購入という決断に何が影響しているのでしょうか。

2.1 投資の限界効率

　皆さんが運送業を始めようとしているとしましょう。運送業にはトラックが必要です。トラックを買うだけのお金を持っていなければ，お金を借りなければなりません。すると，トラックを買うためのお金を借りる条件が，トラックを買うかどうかの決断に影響します。お金を借りる条件で最も重要なのが**金利**です。金利が高ければ，せっかく運送業で儲けても返済に多くのお金が必要になりますので，トラックを買うことは魅力的でなくなります。つまり，金利が高いと投資はやりにくくなるといえます。もちろん，多少金利が高くなっても，景気が良くなって非常に儲かりそうだと予想されるならば，

図表5－1 ▶▶▶ **投資の限界効率線**

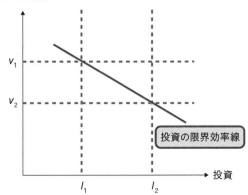

トラックを買うでしょう。

　要するに，金利と，トラックを買って得られる利益の大きさ（これを**投資の限界効率**といいます）とを比較して，トラックを買うかどうかを決めるはずです。ここでも「**限界**」という用語を使っていますが，それは「追加的な投資によって利益がどの程度追加されるか」ということだからです。

　投資を1単位ずつ増加させていった時に，その投資がどの程度儲かるかを示したものが，「投資の限界効率」線です。3人兄弟が運送会社を始めるとします。1台しかトラックがなければもっとも運転の上手な長兄が運転してがんばるでしょう。2台買うことにすると，1台は長兄が運転しますが，もう1台のトラックを多少運転の下手な弟が運転します。3台買う場合には，もっとも運転の下手な妹も運転します。すると，同じトラック1台なのですが，買う台数が増えてくると，追加されたトラックが生み出す利益（これが投資の限界効率です）は（運転手の技量が劣るために）小さくなります。こうした状況が一般的だとしますと，**図表5―1**のように，投資が増えると投資の限界効率は低下すると考えられます（もちろん，利益額そのものは増えるはずです。ただ，その増え方が小さくなっていくということです）。

　投資の額がI_1である時には，そこから1単位投資を増やして得られる利

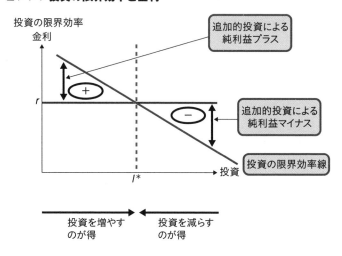

図表5－2 ▶▶▶投資の限界効率と金利

益は V_1 の大きさになります。I_2 なら V_2 です。たとえば，100万円の投資額（I_1）から101万円に１万円投資を増やしたら，500円利益が増え（限界効率は５％（＝500/10,000）），また，200万円（I_2）から201万円に１万円投資を増やしたら，300円の利益増加がある（限界効率は３％）という例を考えましょう。いま，金利が４％だとします。

　新たに１万円を借りて投資をするべきか否かを考えます。１万円を借りると金利は400円です。この１万円を使って投資しますと，I_1 では利益が500円増えますから，お金を借りて投資をすると100円残ります。したがって，投資をした方が良いといえます。次に，200万円から１万円増やすのはどうでしょうか。追加的な１万円の投資からは300円の利益しか得られません。借金の金利支払いに400円必要ですから，お金を借りてこの投資を行うと100円の損になります。したがって，投資をしない方がよいといえます。

　同じように考えていきますと，投資の限界効率が金利より高い場合には投資を増やし，逆の場合は投資を減らした方がよいことがわかります。そして，両者が一致している時，これ以上投資を減らしたり増やしたりする必要はありません。したがって，投資水準は，投資の限界効率と金利が等しくなる水準で落ち着きます（**図表5－2**）。

図表5－3 ▶▶▶金利が下がると投資が増える

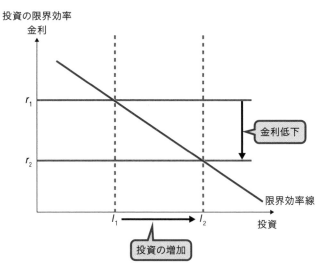

　逆に考えますと，金利が下がれば，純利益がプラスになる投資の領域が拡大します。先の例では，金利が2％になれば，200万円からの追加的な1万円の投資も十分収益が上がることになります。つまり，金利が下がれば投資が増えるという関係が見いだされるのです（**図表5－3**）。この投資と金利の関係は，マクロ経済学において非常に重要な関係です。

　したがって，投資と金利の関係を明示的に，図に描くことができます。縦軸に投資（の額），横軸に金利をとれば，**図表5－4**のように右下がりに描けます。これが**投資関数**です。金利が上昇すると投資が減少しますので，投資は金利の減少関数です。

　なお，投資の決定においては，厳密には（インフレ率の影響を取り除いた）実質金利が重要になります。ただし，本書では物価が一定の場合を主として考えますので，実質金利と名目金利は同じものになります。したがって，実質金利と名目金利を区別する必要はありません。

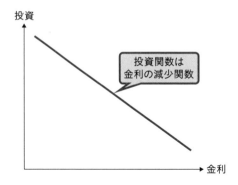

2.2 投資関数と金利弾力性

　金利が低下すると，投資は増加するという関係がわかりました。これを数式的に表現したものが，**投資関数**です。

　金利を r，投資を I（Investment の頭文字です）としますと，もっとも簡単な投資関数は次のように書けます。

$$I = a_0 - a_1 r$$

　金利の係数がマイナスであることはすでに説明しました。実際には，この a_1 の大きさが，経済政策の効果を考察する時に大変重要で，本書でも幾度も出てきます。金利が変化した時に投資が変化する度合いを「**投資の金利弾力性**」と呼びますが，a_1 がこの投資の金利弾力性の大きさを示しているのです。a_1 が大きいと，金利がちょっと下がるだけで投資が大きく増加することを意味していますので，投資が金利弾力的だといいます。逆に，a_1 が小さいと，金利が下がっても投資はあまり増えないことになります。そこで，金利非弾力的といいます。

　投資を縦軸に金利を横軸にして，金利弾力的な投資関数と金利非弾力的な投資関数とを描いてみたのが，**図表5－5**です。金利が同じだけ低下した時に，金利弾力的な投資関数では，投資の増加は非常に大きくなります。したがって，図に示すと，金利弾力的な投資関数の傾きは大変急になります。

図表5－5 ▶ ▶ ▶ 投資の金利弾力性

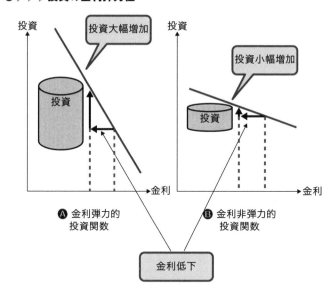

2.3 ／ 金利弾力性の厳密な定義

　初学者の皆さんには，上で述べたように，「a_1が投資の金利弾力性の大き
さを示している」ということで十分だと思いますが，厳密な金利弾力性の定
義とは少し異なりますので，念のために説明しておきます。

　厳密には，投資の金利弾力性は，金利が1％変化した時（もともとの金利
が5％だとしますと，5.05％になった時に），投資が何％変化したかという
ふうに定義されます。弾力性を ε（イプシロン）としますと，$\varepsilon = (\Delta I/I) / (\Delta r/r)$
$= (\Delta I/\Delta r) \times (r/I)$ と定義されます。ここでΔ（デルタ）は変化分を示します。$(\Delta$
$I/\Delta r)$ は，a_1のことですので，厳密な金利弾力性はa_1に (r/I) をかけた
値になります。

　たとえば，金利が5％から5.05％に上昇したときに，投資が100兆円から
95兆円に減少したとします。Δrは0.0005（＝0.0505－0.05），ΔIは5兆円
（＝100－95）です。したがって，弾力性εは，5 ［＝（5/100）/（0.0005/0.05）］
となります。

2.4　金利以外の要因

　もちろん，投資に影響するのは金利だけではありません。金利以外にも投資に影響するものとして次のようなものが考えられます。

　景気が良ければ，トラック運送の依頼が増えますから，皆さんも運送業を開業してみようという気持ちが強くなるはずです。つまり，景気が良いと（予想されるなら），金利が同じでも投資が増えると考えられます。

　また，企業がお金を借りて投資をするとしますと，金利以外のお金を借りる際の制約が問題になります。たとえば，お金を借りるのにその金額の2倍の価値を持つ土地が担保として必要だとします。すると，土地の価格が高い時の方が，企業はお金を借りやすくなります。

　1998年頃に銀行の**貸し渋り**が問題になりました。大量の不良債権を抱え，自己資本比率が低下した銀行が企業にお金を貸さなくなり，企業の投資が抑制されてしまったといわれています。このように，企業の投資は，企業自身の要因だけではなく，お金を貸す銀行の状態にも依存する面があります。

　また，マクロ経済学の創始者であるケインズが**アニマル・スピリット**（動物的勘とでも訳せましょうか）と呼んでいるのですが，投資は企業家のインスピレーションによるところも少なくありません。企業の収益は不確実な将来の状況に依存するわけですから，将来をどのように予想するかが大切です。しかし将来は誰にも予想できませんので，企業家の「勘」が重要な要素になります。

　現実の投資がどのような要素で決定されているのかを知ることは景気対策上非常に重要ですから，学界では精力的に研究が行われています。ただし，本書では，基礎的なマクロ経済学の理解に関心を絞りたいので，投資に影響するものは金利だけだと考えることにします。

3 / 日本の投資関数

　実際のデータを見てみることにしましょう。**図表5—6**は，横軸に長期プライムレート，縦軸に民間企業の設備投資額をとっています。長期プライムレートというのは，最優遇金利ともいわれますが，もっとも信用力のある企業（たとえば，トヨタ自動車）が銀行から長期間（1年以上の期間をいいます）のお金を借りる場合に適用される金利です。超一流企業のように有利な低い金利でお金を借りられない普通の企業は，長期プライムレートに一定の上乗せをした金利でお金を借りることになります。長期プライムレートが上がれば一般企業の借入金利も同じように上昇しますので，長期プライムレートの水準はすべての企業にとって大切になります。

　この図から，民間設備投資と長期金利（プライムレート）の間には右下がりの関係があることが読みとれると思います。つまり，金利が高いと投資は少なくなり，金利が低いと投資が大きくなるのです。図をもう少し詳しく見ると，いわゆるバブルの時期（1990年前後）に，全体から見るとやや異なった動きを示していることもわかります。

図表5—6 ▶ ▶ ▶ 長期プライムレートと投資

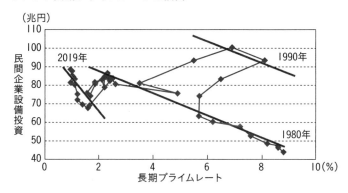

注1：名目値（インフレの影響を含んだもの）を使用した。
注2：投資としては，民間企業設備投資を使用した。
注3：長期プライムレート（％）は，各年末値である。
出所：内閣府「国民経済計算」および日本銀行・ホームページ統計をもとに筆者作成。

図表5－7 ▶▶▶限界効率線の上方シフト

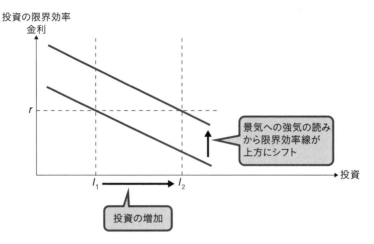

　この時期に，金利が高くても投資が多かったのは，将来の景気に対する強気の見方が広まり，（投資家の考える）投資の限界効率が高まったためだと理解できます。**図表5－7**に示したように，限界効率線が上方にシフトすると，同じ金利でも，より多くの投資が行われます。残念ながら，1990年代のバブル崩壊によって，この限界効率線の上方シフトは実体を伴わないものであったことがはっきりしました。

　反対に，バブル崩壊以降，金利は非常に低いのですが，投資関数自体が左下にシフトしてしまったために，同じ金利で実現する投資の量が少なくなりました。

　本章では，投資は金利だけの関数としましたが，実際の経済分析ではもっと複雑な投資関数が使われています。たとえば，内閣府が『日本経済2017−2018：成長力強化に向けた課題と展望』(2018年1月)において推計した設備投資関数を紹介しましょう（パネル分析という計量経済学の分析手法が実際には使われていますが，わかりやすくするために簡略化しています）。

$$(I_t/K_{t-1}) = 0.0235 + 0.120 ROFA_{t-1} - 2.508 R_{t-1} + 0.0638 CFK_t +$$
$$(2.001)\ (8.291)\ \ \ \ \ (-2.656)\ \ \ (4.572)$$
$$0.151 CASHTA_{t-1} - 0.0751 DEBTTA_{t-1}$$
$$(5.587)\ \ \ \ \ \ \ \ \ \ (-3.523)$$

　変数の説明は次の通りです。

I：国内設備投資，K：固定資産，$ROFA$：営業収益率（＝営業利益／固定資産），R：有利子負債金利，CFK：キャッシュフロー（を固定資産で割ったもの），$CASHTA$：現金預金比率（＝現金預金／総資産），$DEBTTA$：有利子負債比率（＝有利子負債／総資産）

　推定期間：2002年度〜2016年度

　対象：東京証券取引所上場の製造業企業1,027社

　決定係数：0.074

　この推計結果を見ると，R（金利）の係数がマイナスでt値も2を超えていますので，金利が高くなると設備投資が減るという関係が確認できたことになります。推計式のそれぞれの係数からどのようなことが読みとれるのかを議論してみましょう。

その学問分野をはじめて学ぶ人のために，もっとも基本的な知識や考え方を中心にまとめられています。大学生や社会人になってはじめて触れた学問分野をもっと深く，学んでみたい，あるいは学びなおしたい，と感じた方にも読んでもらえるような内容になるよう，各巻ごとに執筆陣が知恵を絞り，そのテーマにあわせた内容構成にしています。

2 **各巻がそれぞれ工夫している執筆方針を紹介します**

2.1 **その学問分野の全体像がわかる**

まず第１章でその分野の全体像がわかるよう，○○とはどんな分野かというテーマのもと概要を説明しています。

2.2 **現実問題にどう結びつくのか**

単に理論やフレームワークを紹介するだけでなく，現実の問題にどう結びつくのか，問題解決にどう応用できるのかなども解説しています。

2.3 **多様な見方を紹介**

トピックスによっては複数の見方や立場が並存していることもあります。特定の視点や主張に偏ることなく，多様なとらえ方，見方を紹介しています。

2.4 **ロジックで学ぶ**

学説や学者名より意味・解釈を中心にロジックを重視して，「自分で考えることの真の意味」がわかるようにしています。

2.5 **「やさしい本格派テキスト」**

専門的な内容でも必要ならば逃げずに平易な言葉で説明し，ただの「やさしい入門テキスト」ではなく，「やさしい本格派テキスト」を目指しました。

〈直感的な図表〉
図表を用いたほうが直感的にわかる場合は積極的に図表を用いています。

3 最初にポイントをつかむ

各章冒頭の「Learning Points」「Key Words」はその章で学ぶ内容や身につけたい目標です。あらかじめ把握することで効率的に学ぶことができ、予習や復習にも役立つでしょう。

4 自分で調べ,考え,伝える

テキストを読むことのほか、他の文献やネットで調べること、インタビューすることなど、知識を得る方法はたくさんあります。また、議論を通じ他の人の考えから学べることも多くあるでしょう。

そんな能動的な学習のため、各章末に「Working」「Discussion」「Training」「さらに学びたい人のために（文献紹介）」等を用意しました。

5 …and more !!

実際の企業事例や、知っておくと知識の幅が広がるような話題をコラムにするなど、書籍ごとにその分野にあわせた学びの工夫を盛り込んでいます。ぜひ手にとってご覧ください。

＊教員向けサポートも充実！ https://www.chuokeizai.co.jp/basic-plus/

・テキストで使用されている図表や資料などのスライド

・収録できなかった参考資料やデータ、HPの紹介などの情報

・WorkingやDiscussion、Trainingなどの解答や考え方（ヒント）　など

講義に役立つ資料や情報をシリーズ専用サイトで順次提供していく予定です。

6 シリーズラインアップ（刊行予定）
（タイトルや著者名は変更になる場合があります。）

ベーシック＋プラス
Basic Plus

(株)中央経済社
〒101-0051　東京都千代田区神田神保町1-35
Tel: 03（3293）3381　Fax: 03（3291）4437
E-mail: info@chuokeizai.co.jp

第 **6** 章 | # 政府の支出

Learning Points

▶財政には，資源配分の改善や所得の再分配に加えて，経済の安定化を図る機能があることを理解しましょう。

▶累進税制には，所得の再分配の機能とともに，ビルト・イン・スタビライザーとして経済の安定化を図る機能があることを理解しましょう。

▶赤字国債の発行に頼る日本の財政の状況を理解しましょう。

Key Words

財政　税収　歳出　ビルト・イン・スタビライザー　国債

1 / 政府財政の状況

　第4章と第5章で，消費と投資という民間経済主体の動きをみてきました。次に，**政府**の経済活動をみていくことにしましょう。政府（国だけでなく県や市などの地方政府も含みます）の支出は GDP の26％（2019年）ほどを占めています。

　図表6－1は，令和2年度（2020年度）の中央政府（国）の歳出・歳入（一般会計）の概要を示したものです。収入の最大項目は租税ですが，64兆円にすぎず，政府支出103兆円をまかないきれません。不足分のうち，33兆円を国債発行によって補っています。近年，支出が税収を大幅に上回ってしまい，国債という形の借金によってまかなうのが常態になっています。支出項目では社会保障費（年金や医療費など）のウエイトが高まっています。

　図表6－2は1980年から2019年の政府支出（地方政府を含む）の推移について，実際の金額と対 GDP 比率を示したものです。1980年から1989年にか

図表6-1 ▶ ▶ ▶ 国家財政の構造（令和2年度当初予算）

(単位：兆円)

歳入		歳出	
税収	63.5	一般歳出	61.7
所得税	19.5	社会保障	35.9
法人税	12.1	公共事業	6.9
消費税	21.7	文教・科学振興	5.5
その他収入	6.6	防衛	5.3
国債発行	32.6	国債費	23.4
建設国債	7.1	地方交付税等	15.8
赤字国債	25.4		
合計	102.7	合計	102.7

出所：財務省のホームページをもとに筆者作成。

図表6-2 ▶ ▶ ▶ 政府支出とGDP

注1：すべて，名目値（インフレの影響を含んだもの）を使用した。
注2：政府支出は，政府最終消費支出＋公的固定資本形成＋公的在庫品増加と考えた。
出所：内閣府「国民経済計算」をもとに筆者作成。

けては政府支出も増えていますが，GDPに占める比率はむしろ低下してい
ました。いわゆる財政再建や小さな政府を目指す政策の結果です。1988年か
ら1991年にはGDP比で20％までになりました。しかし，1992年以降，大規
模な景気対策が何度も繰り返され，金額，対GDP比率とも急激に上昇して
いきました。2002年からは金額，GDP比率とも低下していますが，これは
小泉内閣の歳出削減努力を反映しています。しかし，近年で最も低かった

2007年でも，政府支出の対 GDP 比は22.8％もありました。2008年のグローバル金融危機の影響で，GDP が大幅に落ち込む一方で，再び積極的な財政政策が実施されたために，2009年以降，政府支出の対 GDP 比率が急上昇し，2010年代は25％程度で高止まりしています。

2 ／ 財政の役割

2.1 　財政の基本的役割

　財政の基本的な役割は，3つあります。①資源配分の改善，②所得の再分配，③経済の安定，です。

　資源配分の改善とは，社会的に望ましくない行為に課税したり，逆に，望ましい行為に補助金を交付したりする政策です。たとえば，公園や道路などの公共財は社会的に必要なのですが，利益を追求する民間にまかせておいては（料金回収が困難であるため）十分に提供されません。そこで，政府が自ら提供したり，補助金を交付したりしています。

　また，市場経済では所得に大きな格差が生じます。こうした格差は市場活力を維持するためには必要ですが，「公正」や「平等」の観点から問題が生じます。そこで，**所得の再分配**を行うことで，市場経済による所得の分配を調整することが政府の重要な機能になっています。たとえば，高額所得者ほど負担が重くなる累進税制，生活保護制度，義務教育に対する就学援助などが，所得の再分配として機能しています。

　第3に，財政には経済を安定させる機能が期待されています。簡単にいいますと，不況でモノが売れない時には政府が積極的に買い，逆に好況でモノが不足する時には政府は買うのを抑制します。また，直接的な支出の増減の他に，税金を高くしたり安くしたりすることでも同様の効果を得ることができます。このような**経済の安定**を目指して，財政規模を変化させることを本書では**財政政策**と呼ぶことにします。

2.2 　財政政策の必要性

　こうした政府の行動は，民間経済主体の行動とは大きく違うことに気がつくと思います。政府が景気調整のために財政を利用するということは，人々がお金を使わない時にお金を使い，人々がお金を使う時にはお金を使わないという普通とは反対の行動をとることを意味しています。こうした行動がとれることが，政府の特徴なのです。

　景気対策として財政支出を変動させることを最初に提唱したのが，イギリスの経済学者，**ケインズ**でした。ケインズがそうした提案を行った頃のイギリスや世界経済は大恐慌といわれる時代で，人々がお金を使わずにモノが極端に売れない時代でした。ケインズは，そうした不況時に人々を助けるために政府が支出を増やせば良いと提案したのです。

　日本はバブル崩壊以降，不況に苦しんできましたが，そうした時期に支出を増やすことは皆さんの家庭ではなかったでしょう。それは各個人としては合理的なのです。しかし，みんながお金を使わないとモノが売れなくなり，モノが売れないから皆さんの給料も上がらなくなり，ますますモノが買えなくなるという悪循環に陥ってしまいました。

　こうした個々人が合理的に行動しても全体としてみると不合理な行動になってしまうことがしばしばあります。こうした問題が「**合成の誤謬**」でした。財政政策は，合成の誤謬を打破する役割を担っているのです。

2.3 　ビルト・イン・スタビライザー

　政府が意識的に財政支出を増やしたり，減税をしたりする以外に，不況の時に一層の景気の落ち込みに自動的に歯止めをかけるような制度が，財政の中に組み込まれています。あらかじめ組み込まれている景気安定化装置ということで，**ビルト・イン・スタビライザー**（自動安定化装置）と呼んでいます。その代表的なものが，失業保険制度と累進税制です。

　失業保険についてはそれほど説明はいらないと思います。不況になると，

図表6−3 ▶ ▶ ▶ 2016年の税率表

課税される所得金額	税 率	控除額
195万円以下	5 %	0 円
195万円超　　330万円以下	10%	97,500円
330万円超　　695万円以下	20%	427,500円
695万円超　　900万円以下	23%	636,000円
900万円超　1,800万円以下	33%	1,536,000円
1,800万円超　4,000万円以下	40%	2,796,000円
4,000万円超	45%	4,796,000円

注：例えば「課税される所得金額」が700万円の場合には，求める税額は次のようになる。
　　700万円×0.23−63万6,000円＝97万4,000円
出所：国税庁のホームページ資料「所得税の税率」をもとに筆者作成。

失業者が増えますが，所得を得られない失業者は消費を大幅に減らすことになり，そのままでは不況が一層深刻化します。しかし，実際には，雇用保険制度があり，失業者に対して保険金が支払われます。失業しても一定の所得が確保できますので，失業者も消費をそれほど減らす必要がありません。雇用保険制度そのものは，所得分配を主目的にしているのですが，一層の景気の落ち込みを防ぐ景気対策的な働きもあるわけです。

　次に，**累進課税制度**とは，所得金額が上昇するにつれて税率が上昇する制度です。均一税率（たとえば税率10％）でしたら，100万円の（課税）所得の人が10万円納税し，1,000万円の所得の人は100万円納税します。わが国が実際に採用している累進税制（**図表6−3**）では，所得100万円の人の所得税額は5万円，所得500万円の人の税額は57万2,500円，所得1,000万円の人は176万4,000円となります。

　消費に使えるのは税金を除いた**可処分所得**です。所得が1,000万円の場合の可処分所得は823万6,000円，500万円の場合は442万7,500円です。すると，（課税）所得が1,000万円から500万円に半減したとしても，可処分所得は半分にはなりませんので，消費も半分までは落ち込まないでしょう。つまり，景気が後退して所得が減っても，所得の減少ほどには可処分所得（そして，

消費）が減少しないように，累進課税制度は機能します。累進課税制度はもともとは所得の再分配のために導入されているものですが，景気を安定化させる機能も持っているのです。

　政府の支出額を変化させるには国会での予算審議が必要となり，長い時間がかかります。ここであげたようなビルト・イン・スタビライザーはそうしたラグ（時間の遅れ）がありませんので，財政政策の機動性の乏しさを補う働きがあります。

3 / 財政支出と景気の関係の実際

　本当に，政府は不況の時に支出を増やしているのでしょうか。1981年から2019年のデータを使って，**図表6－4**に示してみました。図では横軸に実質GDPの成長率（実質GDPについてはすでに説明しました）を，縦軸には政府支出の対GDP比をとっています。景気対策的に政府支出が動いているとすれば，右下がりの関係が描けるはずです。

　図表6－4に示した実際のデータを見ても，予想通り，右下がりの関係が

図表6－4 ▶▶▶景気と政府支出

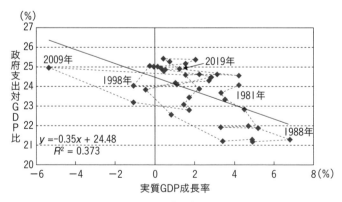

注1：2011暦年連鎖価格GDPに基づく実質GDP成長率（暦年）を使っている。
注2：政府支出対GDP比は図表6-2で使った数値である。
出所：内閣府「国民経済計算」をもとに筆者作成。

見てとれます。バブル経済で高成長していた1988年から1991年頃には，景気対策上は政府が何もやることはなかったので，政府支出の比率は20％程度でした。一方，バブル経済が崩壊し金融システム危機が発生した1998年頃には，政府は思い切った景気対策に乗り出しました。そのため，政府支出の対GDP比率は24％を超えるまでになりました。このように，現実に，政府は景気対策として支出の規模を調整しています。同様に，2009年のグローバル金融危機の際にも，政府支出は拡大しました。

4 / 財政赤字の意味

4.1 ／ 国債累増の負担

　ところで，政府は，景気を安定化させるために，お金のない時（不況期）に支出を増やさなければなりませんので，借金をせざるを得ません。バブル経済の崩壊以降，景気対策のために，政府の**財政赤字**は膨らんでいます。2021年3月では，国と地方を合わせると1,180兆円を超える借金があり，GDPの2倍以上になっています（**図表6－5**）。

　たとえば，国の借金1,000兆円に対して金利が10％になったとすると，利払いだけで100兆円必要になります。**図表6－1**でみたように，国の税収が約60兆円でしたから，税収のすべてを利払いに充てても不足する事態です。このように，金利が少し上昇するだけで政府は利払いすらできなくなるおそれがあるほど，国債発行残高が増えてしまいました。

　政府が利払いに追われるようになると，積極的な政策どころか必要不可欠な政策ですら実施できなくなります。新しい道路や公共施設が建設できなくなるだけでなく，既存の建物や道路の補修もできなくなり，危険なまま放置されるということになりかねません。そうした事態は避ける必要があり，国債増加をくい止めるべきだという意見が強くなってきました。

　歴史的に見ると，政府が利払いに困難をきたすようになると，中央銀行に

図表6−5 ▶ ▶ ▶ 国と地方の長期債務比率

（単位：兆円）

	1990年3月	1999年3月	2010年3月	2017年3月 （見込み）
国	188	390	621	993
地方	66	163	199	189
合計 （重複を除く）	254	553	820	1,183
対GDP比	61%	110%	173%	207%

注：2021年3月の見込みは，令和2年度第2次補正予算（2020年6月成立）に基づく。
出所：財務省「日本の財政関係資料」（2020年7月）をもとに筆者作成。

頼るようになります。つまり，一般の投資家はリスクの高い国債を買わなくなるので，政府は中央銀行に安い金利で国債を売りつけるのです。中央銀行による国債の引き受けは**財政のマネーファイナンス**と呼ばれますが，やがて凄まじいインフレを起こして，経済を混乱させるのが歴史の教訓です。

4.2　リカードの等価定理

　ところで，国債に対する批判の1つに，国債を償還するのは将来の税金であるから，国債は次世代への負担の先送りだという意見があります。国債が後世への負担になるか否かをめぐっては経済学界でもいろいろな意見があります。

　ここでは，**リカードの等価定理**を紹介します。これは，ある財政政策を行う場合に，その必要資金を国債発行で調達するのと増税によって調達するのとが，（ある条件の下では）経済学的に全く同じことだという定理です。

　たとえば，今年100万円の財政支出をするとします。この資金を調達するのに，1年もの国債（金利5％）を発行して，翌年，この国債を償還するために105万円の増税を行うという方法と，今年100万円を増税するという方法とがあります。先にお金を出すか，1年待ってもらうかだけの違いですから，（金利が問題になりますが）基本的には同じことだと皆さんも思われるので

はないでしょうか。つまり，国債が将来の増税を意味しているので，国債発行による調達か増税かは，今日増税するか明日増税するかの違いだけで，納税者の立場からすればほとんど同じことだということになります。

　現実はもっと複雑ですし，私たちの財政への理解も完全ではありませんので，今年の国債発行の分に見合う増税を正しく予想して行動するということは現実的ではないかもしれません。しかし，この考え方の重要な政策的な含意は，国債か増税かという問題はそれほど重要ではなく，財政の支出内容そのものを議論することが重要だということです。

　ついでに，リカードの等価定理を使うと，**減税政策**は効果がないということにも気がつくと思います。たとえば，100万円の１年限りの減税をするために，１年もの国債を発行したとします。そして，１年後には国債の償還のために105万円の増税をします。この時，人々は減税によって消費を増やすでしょうか。上のような単純なケースなら，誰も減税として受け取った100万円を消費に充てないでしょう。おそらく，受け取った減税分で国債を買って翌年の増税に備えるでしょう。そうなりますと，減税をしても（将来その分が増税されると人々が予想するので）消費を増やすという効果は全くなくなってしまいます。

　減税政策が景気対策として一定の効力を持っていることから，このようなリカードの等価定理が（現代の日本経済において）完全に成立しているとは思われませんが，財政政策には限界があることを意識しておかねばなりません。

1．下の図は，主要国の政府債務残高（短期債務も含んでいます）のGDPに対す
る比率を比べてみたものです。どこの国も1999年に比べると2019年の債務残
高のGDP比率は上昇していますが，日本の数値はずばぬけて悪いです。不況
の時に財政赤字を増やすのは当然の経済政策ですが，日本の財政赤字は，景
気対策だけでなく，社会保障費の増大が大きな理由となっています。日本の
財政の状況について調べてみましょう。

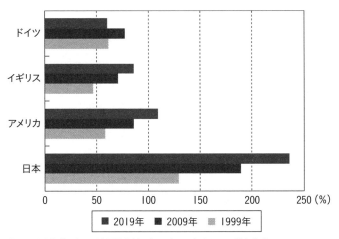

出所：財務省「日本の財政関係資料」（2020年7月）をもとに筆者作成。

2．イギリスやスイスなどを除くヨーロッパを旅行すると，各国で共通通貨（ユ
ーロ）を利用できますが，それを可能にしたのが経済通貨統合（Economic
and Monetary Union：EMU）です。92年のマーストリヒト条約では，EMU
に参加するための条件の1つとして，財政赤字はGDP比3％，政府債務残高
はGDP比60％を超えないことが定められました。このような条件がなぜ定
められたのかを調べてみましょう。

　一方で，こうしたルールは財政政策を制約します。コロナ禍の深刻な状況
をふまえて，2020年3月に財政赤字をGDP比3％以内にするというルール
が緩和されました。このことの是非について考えてみましょう。

第 **7** 章 | 総需要の経済学

Learning Points

▶経済全体の需要が消費と投資および政府支出から構成されることを理解しましょう。

▶均衡所得がどのように決定されるかを説明できるようになりましょう。

▶政府支出の拡大がその何倍もの所得の増加をもたらすメカニズムを説明できるようになりましょう。

▶乗数の大きさが経済政策の効果の大きさに影響することを理解しましょう。

Key Words

総需要　均衡所得　過少雇用均衡　乗数　貯蓄のパラドックス

1 総需要の分析

経済全体の需要の大きさ（**総需要**）を分析するのが本章の目的です。前章までで，総需要を構成する主要要素について勉強してきましたので，本章でその合計を詳しく調べます。ただし，輸出や輸入のことにまだふれていません。これを勉強するには為替レートの問題などを扱わなければなりませんので，どうしても議論が複雑になります。後の章で扱うまで，しばらく外国経済の影響などはないものと考えることにしましょう。江戸時代のように鎖国経済を考えるわけです。

さらに，段階を踏んで理解を深めていくために，投資は金利の影響を受けないと考えることにします。金利の影響は，「第9章　IS-LMモデル」できちんと扱います。

2 ／ ケインズ経済学

　マクロ経済学の創始者は，イギリスの経済学者**ケインズ**です。ケインズが1936年に発表した『雇用，利子および貨幣の一般理論』がマクロ経済学の出発点になりました。ケインズの問題意識は，当時の大恐慌が市場メカニズムによって一向に解決されないということにありました。

　ケインズまでの経済学（**古典派経済学**と呼ばれます）では，市場メカニズムによって失業が長期間高止まりすることはないと考えていました。それは，失業が発生すると賃金が下がり，賃金が下がれば企業は多くの労働者を雇うと考えるからです。しかし，現実には賃金は十分下がらず，雇用の改善は見られませんでした。

　ケインズは失業が多くなっても賃金が下落しないので，市場メカニズムだけでは失業を解決できないと考えました。そこで，ケインズは，価格が硬直的な場合の経済の仕組みを明らかにし，不況を脱出する方法を研究しました。

　ケインズ経済学では，市場を調整するメカニズムとして，**価格調整**に代わって，**数量調整**を考えます。たとえば需要が少なくなって売れ残りがでそうになったとします。そうした場合，現実の企業は，商品の価格を引き下げるために従業員の給料を下げるという価格調整を行っておらず，むしろ雇用人数の調整（残業時間の削減，新規雇用の見送り，解雇）を行うことで生産量を調整していると考えたのです。

3 ／ 総需要の決定
45度線を使った分析

　次のような記号を使いながら議論を進めます。Y は**所得**（あるいは GDP），C は**民間消費**，I は**民間投資**，G は**政府支出**とします。GDP を支出面からとらえますと，C か I か G のいずれかですので，その合計（$C+I+G$）が経済全体の需要（**総需要**）です。他方，経済全体の供給は Y そのものです。

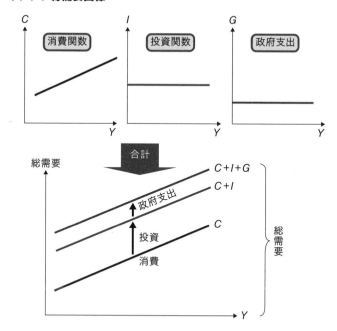

図表7−1 ▶▶▶ 総需要曲線

したがって，財市場の需要と供給が一致するという条件を数式で書くと，次のようになります。

$$Y = C + I + G$$

　この右辺の各要素について，Yを横軸にして，**図表7−1**のように3つのグラフが描けます。まず，消費ですが，これは所得Yの増加関数でしたから，右上がりに描けるはずです。次に，投資ですが，ここでは簡単化のために，投資と所得は関係ないということにしておきます。すると，Yを横軸にした平面では，水平線になります（つまり，どんなYの値でもIは同じということです）。政府の支出も同様であるとしておきます（ビルト・イン・スタビライザーなどを無視しています）。

　総需要はこれらのC，I，Gの合計ですから，グラフ的にいえば，Cを表す斜め線が$I+G$の分だけ，上方にシフトすることになります。これを描い

たのが**図表7－1**の下の図です。この $C+I+G$ が**総需要線**です。

　総需要線の傾きは45度線よりは小さくなります。傾きが45度になるのは１万円の所得増加に対して消費が１万円増える場合です。普通は，所得増加の一部は貯蓄に回します（つまり，限界消費性向が１よりも小さい）ので，総需要線の傾きは45度線より小さくなります。

　この図に，もう１本，45度線を描いたのが，**図表7－2**です。45度線上は縦軸と横軸が等しい値をとりますので，**45度線**は（縦方向に見ても）総供給（生産）の大きさを表しています。財市場での需要と供給が均衡しているということは，需要である $C+I+G$ と生産 Y が等しくなっていること（$Y=C+I+G$）でした。この需給均衡条件が成立しているのは，図でいえば総供給線である45度線と総需要線の交点です。つまり，Y^* が**均衡所得**を示しています。

　いま，Y^* よりも小さな Y_0 という所得を考えます。この時，総需要はグ

図表7－2 ▶▶▶均衡所得の導出

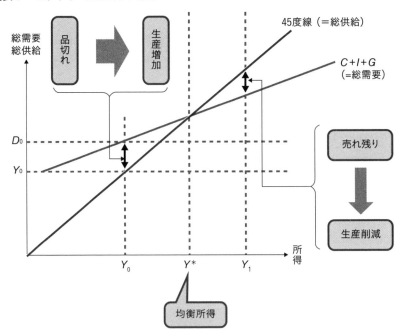

096

ラフからわかるように D_0 になります。しかし，この時の生産は（D_0 よりも少ない）Y_0 ですから，D_0 の消費は実現できないことがわかります。しかし，買いたくても買えないという状況ですから，企業は作れば作るほど売れます。当然，生産を増やすはずです。したがって，Y^* よりも少ない生産水準では，満たされない需要があるので，生産が拡大します。最終的には Y^* にまで生産は増えます。

逆に，生産が Y_1 の時は，需要に比べて生産額が過大になっています。したがって，このままでは売れ残りが出るはずで，企業は生産水準を落とすことになるでしょう。

このように，Y^* 以外の生産水準では企業は生産を拡大したり，減少させたりして数量調整を行います。そして，Y^* になった時にはそれ以上調整を行いません。この数量調整がすぐに行われるとすると，経済は常に Y^* の水準で生産することになります。

4 過少雇用均衡の可能性と完全雇用の達成

ところで，**図表7－2**の Y^* のように，財市場での需給を一致させる所得水準は必ずしも満足できる状態ではありません。なぜなら，その水準では（非自発的）**失業**が発生しているかもしれないからです。つまり，上記の「均衡」所得は労働市場のことはなにも考えておらず，非自発的失業が残った均衡（**過少雇用均衡**）であるかもしれないのです。

失業を避けるにはどうすればいいでしょうか。完全雇用水準の所得を**図表7－2**の Y_1 とします。しかし，経済の自然な力に任せておいては Y^* のままです。Y_1 の水準が均衡になるには，Y_1 で45度線と総需要線が交わる必要があります。しかし，民間消費や民間企業の投資水準は家計や企業が自主的に決めますので，政府の意のままに動かせるわけではありません。その点，政府支出は政策的に自由に動かすことができます。これが，裁量的な**財政政策**でした。つまり，**図表7－2**での政府支出の水準では**完全雇用**を達成でき

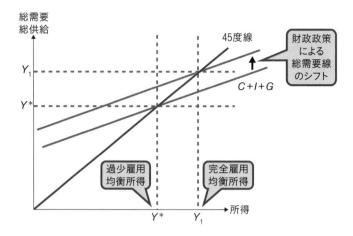

図表7−3 ▶▶▶ 財政政策による総需要線のシフト

ませんでしたので，追加的な政府支出を行えばよいということになります。追加的な財政支出を行うと，**図表7−3**のように，総需要線が上方にシフトするからです。

5 乗数理論

5.1 完全雇用に必要な財政支出

それでは，完全雇用を実現するのに必要な政府支出の大きさはどの程度でしょうか。たとえば，**消費関数**が $C=0.6Y$ であるとします。さらに，民間投資が100兆円であるとします。政府支出がゼロだとしますと，民間総需要（$C+I$）は $0.6Y+100$ です。これが45度線と交わるのは $Y=250$ の時です。このことは，$0.6Y+100$ の式に，$Y=250$ 兆円を代入すると，総需要の大きさは250兆円（150兆円の消費と100兆円の投資）となることで確かめられます。

完全雇用の水準が550兆円であるとすると，政府支出はいくら必要でしょうか。もしかしたら，民間需要によって実現している250兆円との差額の300

兆円必要であると思うかもしれません。実はそれほど多額が必要ではありません。

　念のために，もし政府支出が300兆円だったら，均衡所得はいくらになるかを計算してみましょう。$Y=0.6Y+100\underline{+300}$から$Y$の値を計算すればいいわけです（波線部分が新たに加わっています）。計算してみると，$Y=1,000$兆円と，とてつもなく大きな値になってしまいます。完全雇用水準をはるかに上回るので，300兆円も財政支出をしますと，経済は過熱し大変なことになってしまいそうです。

　完全雇用（550兆円）を実現する政府支出を求めるには，$Y=0.6Y+100+x$という方程式に，$Y=550$を代入してxを求めればよいのです。これを計算すると，$x=120$兆円となります。つまり，完全雇用を実現するには財政支出を120兆円にすればよいということになります。念のために確認すると，生産が550兆円の時，消費は330兆円，投資は100兆円，財政支出は120兆円です。

　以上の計算例を，**図表7－4**にまとめておきました。

図表7－4 ▶▶▶数値例のまとめ

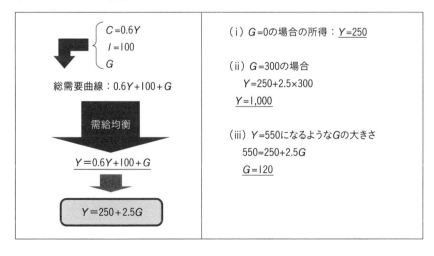

乗数効果

　ここで注意しておきたい点は，120兆円しか財政支出を増やしていないの
に，総需要が300兆円も増えている点です。財政支出の増加に対する総需要
の増加割合を**政府支出乗数**と呼んでいます。ここの例では，2.5（＝
300/120）です。つまり，政府支出が１兆円増えると総需要は2.5兆円増える
ことになります。この点がここでの議論のポイントです。つまり，政府支出
の数倍の経済効果が期待できるということで，これを**乗数効果**と呼びます。

　こうした乗数効果が存在するのは，実は，政府支出に波及効果があるから
です。たとえば，政府が１兆円で大手建設会社（ゼネコン）に注文して飛行
場を建設したとしましょう。これにより確かに，総需要が１兆円増加しまし
た。しかしここで話は終わりません（**図表７－５**）。

　ゼネコンは，建築のために必要な機材を購入し，新しく従業員を雇って給
料を払います。給料を受け取った従業員は受け取ったすべてを使うことはし
ないでしょうが，少なくとも一部は消費に使うと考えられます。たとえば，
念願だった自動車を買ったとしましょう。すると，政府が直接買ったわけで
はありませんが，自動車１台分だけ需要が増加したことになります。さらに，
ゼネコン従業員の自動車購入によって，自動車メーカーの利益が増えますか

図表７－５ ▶ ▶ ▶政府支出の乗数効果

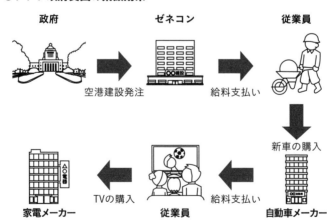

ら，自動車メーカーも従業員にボーナスを支払います。自動車メーカーの従業員もこのボーナスの一部で，大型テレビを買うでしょう。すると家電メーカーの売り上げも増加して，その従業員も新たに支出ができます。

このように政府支出の結果，いろいろなところで新たな財やサービスの購入が行われます。こうした波及効果が，先の例では180兆円分もあるということになります。以上のような説明から，人々が受け取ったお金の多くを使えば使うほど，波及効果が大きくなりそうだということもわかると思います。

5.3　乗数と消費性向の関係

以上で本質的な理解は十分ですが，乗数の値を求める数式を示しておくのも無駄ではないと思います。政府支出が G_a の時の**均衡所得**（繰り返しになりますが，財市場での需給が等しいということのみを意味しており，完全雇用とは限りません）を Y_a とすると，$Y_a = C + I + G_a$ です。所得が Y_a の時の消費は cY_a であることから，$(1-c) Y_a = I + G_a$ と書くことができます。

政府支出乗数というのは，G が 1 兆円増えた時に，均衡所得がどれだけ増えるかを示すものでしたから，次に政府支出が $G_a + 1$ である時の均衡所得 Y_b を求めましょう。$(1-c) Y_b = I + \underline{(G_a + 1)}$ になります。先の式との違いは，波線の部分だけです。

均衡所得の増加分は $Y_b - Y_a$ ですから，上の 2 つの式を利用して計算することができます。すなわち，$Y_b - Y_a = (I + G_a + 1) / (1-c) - (I + G_a) / (1-c)$ を計算するわけです。実際に計算してみますと，$1 / (1-c)$ となります。つまり，財政支出が 1 兆円増えると，均衡所得は $1 / (1-c)$ 兆円増えます。したがって，政府支出乗数は $1 / (1-c)$ です。言葉で表現すれば，乗数の値は，「1 から消費性向を引いたモノの逆数」ということになります。分母の $1-c$ は消費と貯蓄の関係から**貯蓄性向**だという点に着目して，乗数の値は「貯蓄性向の逆数」だといった方がわかりやすいかもしれません。

本節での数値例では，$c = 0.6$ としていましたので，乗数の値は2.5（＝ 1 /

（1 − 0.6））になったわけです。もし，消費性向が0.8だったとしたら，乗数は5（＝1／（1 − 0.8））ですから，300兆円の総需要を増やすのに政府支出は60兆円で済んだことになります。逆に，人々が消費を手控えるような事態で，消費性向が0.5に低下すると，乗数は2になってしまいます。すると，総需要を300兆円増加させるには，150兆円の政府支出が必要になります。

6 経済構造と政策効果

　乗数は私たちの消費性向に依存していますから，経済構造によって財政政策の効果は異なります。具体的にいうと，**消費性向**が高いほど（裏返していえば，貯蓄性向が低いほど），乗数が大きくなり，財政政策の効果も大きくなります。第4章の**図表4—1**で示したように，最近は少し状況が変わってきましたが，日本は諸外国に比べると貯蓄好き（消費性向が低い）ですので，乗数は小さいはずです。

　消費性向が違うと政策効果がどうなるかを，グラフを使ってもう一度確認してみましょう。**図表7—6**がそれです。

　図では2つの消費性向に応じた総需要線を描いています。C_{J0} というのが消費性向の小さな場合です（J は日本のイメージです）。一方，消費性向の高いのが破線の C_{A0} です（A はアメリカのイメージです）。いま，いずれの国も同じ均衡所得 Y^* が実現しており，目標とする完全雇用水準 Y^F も同じだとします。

　完全雇用を達成するのに必要な政府支出の大きさを調べてみます。政府支出の大きさは，C_{J0}（あるいは C_{A0}）線の垂直方向へのシフトの大きさで計れます。ちょうど Y^* のところで2つの直線は交わっていますので，そこから上に向かって測るのが視覚的にわかりやすいと思います（どこの部分を測ってもいいのですが，その場合には定規が必要です）。

　完全雇用を実現するには，J国の場合には C_{J1} まで総需要線をシフトさせなければなりません。他方，A国の場合には C_{A1} 線です。視覚的に明らかな

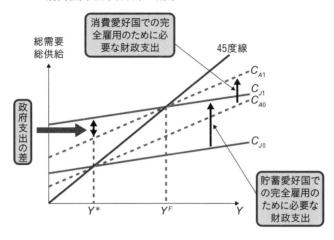

図表7－6 ▶ ▶ ▶ 消費性向と財政政策の効果

ように，図中の両端矢印の分だけ，A国の方が政府支出を増やす必要が少ないことがわかります。つまり，消費性向の高い国ほど，財政政策の波及効果が大きいことが確認できます。

7 / 貯蓄のパラドックス

　マクロ経済学の重要性の１つとして**合成の誤謬**という問題を指摘しました。個々人としては合理的な行動をとっているのに，社会全体としては不合理になってしまうというものです。電車でわれ先に乗り込もうとすると乗り降りが混乱して，結局乗り降りに必要な時間がよけいにかかってしまうようなイメージです。

　この関連で「**貯蓄のパラドックス**」というものがあります。これは，人々が不況下で，貯蓄に励もうとすると，不況が深刻化し所得が減ってしまい，結局，貯蓄は増えないという現象です。

　数値例によって示します。民間投資120兆円，民間消費300兆円，政府支出80兆円，総需要500兆円，消費性向0.60であるとします。500兆円の総需要は

均衡所得です。

　完全雇用水準が550兆円であるとすると，500兆円では多くの人々が失業しているか，働きたい時間だけ働けない状態になっています。皆さんならこういう状況でどうするでしょうか。将来自分も失業するかもしれないと強く不安になるのではないでしょうか。そして，将来のいざという時に備えて貯蓄を増やしたいと考える人が多いのではないでしょうか。こういう行動は個人としては自然なことです。しかし，その結末は意外です。

　貯蓄を増やしたいということを，消費性向の低下ととらえてみましょう。たとえば，100万円の所得から従来は60万円を使っていたのですが，将来に備えて，10万円を節約しようと考えたとします。消費性向は0.5になりました。社会全体の消費性向が0.6から0.5に低下すると，新しい均衡所得 Y^{**} はどうなるでしょうか。

　（民間投資と政府支出は変化しないとして）$Y^{**} = cY^{**} + 120 + 80 = 0.5Y^{**} + 200$ から，求めることができます。$Y^{**} = 400$兆円となります。節約が強まる前の均衡所得が500兆円であったことからわかるように，節約経済では，人々がお金を使わなくなったので，不況が深刻化してしまったのです。ちなみに，400兆円の所得に対して人々は半分を貯蓄します（貯蓄性向は0.5です）から，200兆円の貯蓄が行われています。他方，節約が強まる前の経済では，500兆円の所得に対して40％を貯蓄していましたから，貯蓄額は200兆円でした。つまり，貯蓄を増やそうとしたにもかかわらず，結局消費額が減っただけで，貯蓄は増えなかったのです。

　日本経済全体で見ると貯蓄額を予定通り増やした家計もたくさんあるはずですが，別の家計では失業によって所得が激減し，貯蓄をするどころの状態ではなくなってしまったのです。このように，各家庭の合理的な行動は社会全体としては不合理な行動になってしまいます。したがって，人々が（不況に備えて）貯蓄をしようとする時には，政府が積極的に支出を行う必要が生じるのです。

8 / モデルの限界

以上の簡単な理論モデルを使った考察によって，次のようなことがわかりました。

①政府支出の調整によって完全雇用を実現できる。

②完全雇用を実現するための政府支出の額は，完全雇用と現実の雇用水準の差ほど大きくなくても良い。なぜなら，乗数効果が働くからである。

③乗数効果の大きさは，消費性向に依存している。消費性向が大きい方が乗数は大きくなるので，政府支出の総需要拡大効果は大きくなる。

④不況期に人々が貯蓄を増やすように，行動を節約型に変えたとしても，社会全体の貯蓄額を増やすことはできないかもしれない。なぜなら，人々が節約をするためにモノが売れなくなり，所得そのものが減少してしまうからである。

非常に簡単なモデル分析によって，以上のような興味深い結果が得られたのです。このモデルを使えば，不況に対しては，適切な額の財政支出を行えばよいという政策提案ができます。しかも，乗数の大きさ（これ自体は消費性向からわかります）を調べれば，必要な財政政策の規模もわかります。マクロ経済学の授業はここまでにしておいてもいいくらいかもしれません。

しかし，このモデルでは多くの重要な点を無視していました。第1は，金利が分析の枠組みに入っていないことです。金利が企業の投資行動や私たちの生活に影響していることは明らかです。たとえば，住宅ローンの金利は私たちが住宅を購入する際の大きな関心事です。また，金利がモデルに入っていませんから，金融政策が登場する余地がありませんでした。

第2に，冒頭にいいましたが，本章での分析では物価を一定としていました。これは，インフレやデフレといった重要な経済問題を分析できないことを意味しています。第3に，経済のグローバル化が進んでいることは誰もが感じていることです。しかし，ここでの議論では，貿易関係や為替レート，

国際資本移動などを省いていました。こうした点を拡張していくことが，本書の以下での課題になります。

Discussion   議 論 し よ う

1．内閣府が開発している「短期日本経済マクロ計量モデル」は，IS-LM モデルをベースにしています。2018年版の結果によると，実質 GDP の１％相当の公共投資を行うと，実質 GDP を1.12%増加させます。したがって，乗数は1.12ということになります（丸山雅章他「短期日本経済マクロ計量モデル（2018年版）の構造と乗数分析」（ESRI Research Note No. 41, 2018年））。

　　短期日本経済マクロ計量モデルは何度も改定されてきましたので，乗数の変化を知ることができます。たとえば，1998年版での乗数は1.21でした。乗数がどのように変化してきたかを調べて，その理由について考えてみましょう。

2．財政支出の乗数効果について説明しましたが，支出の内容については議論しませんでした。実際には，政府が何に支出するかによって乗数効果は異なることが予想されます。

　　『平成26年版　情報通信白書』では，情報通信投資（ICT 投資）と一般の投資での乗数の大きさをシミュレーション分析によって試算した研究が紹介されています。（飯塚信夫・篠﨑彰彦・久保田茂裕著「マクロ計量モデルの改訂と乗数効果の計測」）。それによると，一定の前提の下に，投資を増やしたときに GDP がどれだけ増えるかを計算してみると，ICT 投資の乗数は一般投資に比べるとかなり大きい（それぞれ，2.311と1.198）とのことです。どのような政府支出や企業投資なら乗数効果が大きいのかを議論してみましょう。

Training   解 い て み よ う

　　不完全雇用状態の時に政府がとるべき財政政策について，図表７─３を使って自分で説明してみてください。このような過少雇用均衡が実現してしまう理由を，「賃金」をキーワードにして考えてみましょう。

Learning Points

▶マクロ経済統計における貨幣の定義を理解しましょう。

▶貨幣創造や信用創造のプロセスを理解しましょう。

▶貨幣需要が所得や金利の関数になる理由を説明できるようになりましょう。

▶金利決定のメカニズムを説明できるようになりましょう。

▶金融政策の基本的な手段について理解しましょう。

Key Words

マネーストック　貨幣の役割　貨幣創造　貨幣需要関数　金融政策

1 / 貨幣の役割

　金融政策は貨幣供給（マネーストックやマネーサプライともいいます）の操作を通じて経済活動に影響を与える政策です。そこでまず，「貨幣」の役割を説明します。

　貨幣は，①交換手段，②価値尺度手段，③価値貯蔵手段，として利用されています。貨幣の最も基本的な役割は，財・サービスの交換の仲立ち（**交換手段**）です。貨幣がない場合の交換（物々交換）を考えてもらえば容易に想像できますが，貨幣を利用した交換は大変効率的です。たとえば，リンゴを持っている人がミカンを手に入れたいという場合，直接交換ではミカンを持っているがリンゴを入手したいという（ちょうど逆の欲求を持っている）人と出会わない限り（**欲望の二重の一致**），所望の交換は達成できません。

　この困難を乗り越える1つの方法が，誰もが欲しがるモノ（たとえば，米）を媒介にすることです。つまり，リンゴを持っている人はいったん米とリン

ゴを交換して，米とミカンを交換してもよいという人を探すほうが効率的なのです。貨幣は米よりもさらに誰もが受け取ってくれますので，取引が大変効率的になります。

　貨幣の第2の役割は，**価値尺度機能**です。たとえば，世の中にミカン，リンゴ，スイカ，バナナ，米の5つの財しかないとしましょう。この簡単な世界でも，ミカンの価値を示すのに，リンゴ0.5個とか，スイカ0.1個，バナナ1本，米30グラムといったさまざまな表記の方法があります。リンゴについても同様に他の4つの財で示すことができます。貨幣が存在しない場合は，さまざまな表示の価格が並存するため，相互の比較が大変難しいのです。その点，貨幣を共通の価値尺度とすれば，スイカは300円，リンゴは60円といったように表示されることになり，スイカとリンゴの価値の比較は容易になります。

　第3に，貨幣は**価値貯蔵手段**として利用できます。普通の財は時間がたてば劣化して価値がなくなります（たとえば，リンゴはすぐに腐ってしまいます）が，貨幣はその価値を蓄えておけます。しかし，インフレーションが発生すると，貨幣の価値（購買力）が低下してしまうので，貨幣の有用性は失われることになります。

2　貨幣の定義

　以上のような重要な機能を貨幣は果たしています。それでは，現実の経済活動において，どのようなものが貨幣として利用されているでしょうか。日本銀行券（紙幣）と補助硬貨（500円玉など）が貨幣であることには疑いの余地がないでしょう。これらは**現金通貨**です。しかし，現金通貨以外にも，上述したような貨幣の機能を部分的にせよ果たしているものが多数あります。

　まず，当座預金や普通預金などの**預金通貨**が，広く交換手段として利用されています。私たちの日常生活では現金通貨による取引が多いですが，電気や電話などの公共料金の支払いでは銀行口座（普通預金など）を利用してい

ます。また，金額が大きい企業間取引では，現金がやりとりされることは少なく，銀行口座を利用して支払いが行われています。そうしますと，銀行口座の残高も，ポケットのなかの現金と同じように交換手段としての役割を果たしていることになります。現金通貨と預金通貨を合計したものを，マネーストック（あるいはマネーサプライ）統計では，M1と呼んでいます。

また，定期性預金も普通預金ほどではありませんが，中途解約によって支払いに充てることが可能で，貨幣に近い性質を持っています。定期性預金は**準通貨**と呼ばれ，M1に準通貨を加えたものがM3です。M3に，国債や投資信託などの広範な金融資産を含めた**広義流動性**という概念もあります。

なお，2008年に日本銀行が貨幣統計（マネーストック統計）の定義を変更するまでは，M2が中心的な指標でした。2008年の定義の変更で，ゆうちょ銀行を新しいM1とM3の対象に加えるなどの変更が行われる一方，M2については，従来の基準で公表が続けられています。そのために，かつては，M1に準通貨を加えたものがM2でしたが，今はそれがM3になりました。徐々に，M3が中心的な指標になっていくものと予想されますが，今のところは，データの継続性を重視してM2も分析によく使われています。

わが国の貨幣供給の計数が，**図表8－1**に示されています。現金通貨は貨

図表8－1 ▶▶▶マネーストック（M3）の内訳

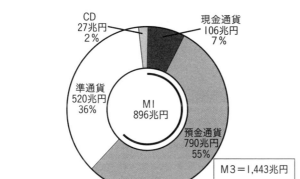

CD 27兆円 2%
現金通貨 106兆円 7%
準通貨 520兆円 36%
M1 896兆円
預金通貨 790兆円 55%
M3＝1,443兆円

注：2020年6月の平均残高。
出所：日本銀行の統計をもとに筆者作成。

幣（Ｍ３）のうち，わずか７％にすぎず，預金通貨と準通貨といった銀行の預金が貨幣の大半を占めています。銀行が経済活動においてきわめて重要な役割を担っていることがわかります。

3 　貨幣創造

　図表8－1に示したように，Ｍ３の平均残高（2020年6月）は1,443兆円でした。それに対して，現金通貨の平均残高は106兆円にすぎませんでした。どのようにして現金通貨の14倍近い貨幣（マネーストック）が経済に存在できるのでしょうか。

　まず，Ａさんが手持ちの資産を中央銀行に売却して現金100万円を受け取り，それを銀行Ｂに預金したとします。このプロセスで，現金発行額が100万円増加しました。銀行Ｂはその資金の一部を手元に残して（この比率を**預金準備率**と呼び，ここでは10％とします），残りの90万円を企業Ｃに貸し付けます。貸付を受けた企業Ｃは，この90万円を企業Ｄへの支払に充てます。90万円を受け取った企業Ｄは，銀行Ｅにこの90万円を全額預けます。すると，銀行Ｅは，先の銀行Ｂと同様に，一部を手元に残して，残りの81万円を企業Ｆに貸し付けます。以下，同じようなことが無限に続いていくのです（**図表8－2**）。

　このプロセスを預金の増加で整理してみると，まず，Ａさんの100万円の預金があり，次に，企業Ｄの90万円の預金があります。以下，81万円，72.9万円，65.61万円……と無限に預金が行われることになります。このように当初の100万円の預金（**本源的預金**と呼ぶ）が，結局いくらの預金を誘発しているかは，無限等比級数の和の公式を使って簡単に求めることができます。

　Dを当初の預金（100万円），wを預金準備率（0.1）としますと，無限等比級数の和を求める公式は，D/wとなります（公式の導出は数学の本を見てください）。したがって，上記の例では，100万円の本源的預金は10倍の1,000万円の預金（マネーストック）を生み出します。このように本源的預金の増

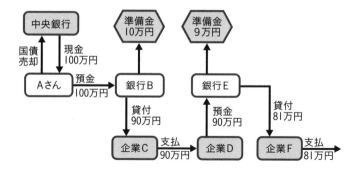

図表8－2 ▶▶▶ 貨幣創造のプロセス

加の何倍もの貨幣が創造されるメカニズムを**貨幣創造**と呼んでいます。ちなみに，この倍数（ここの例では，10）が**貨幣乗数**です。貨幣乗数は，預金準備率の逆数になります。

　なお，この同じプロセスを貸付が増加したことに注目して，銀行が信用を作り出している（**信用創造**）と見ることもできます。

4 / 貨幣需要の理論

　さて，貨幣の需要を考えます。すでに説明したように，貨幣には3つの機能がありました。交換手段として使うために貨幣を必要とする部分を貨幣の取引需要と呼びます。また，貨幣の価値貯蔵機能に関して発生する貨幣需要を貨幣の資産需要と呼ぶことにします。

4.1 貨幣の取引需要

　経済取引が増えるにつれて，**貨幣の取引需要**は増加します。取引の規模を見るのにはGDPを使えばいいでしょうから，GDPが増えれば貨幣需要も増えるという関係が予想できます。

また，クレジットカードや電子マネーが普及している社会とそうでない社会では，貨幣需要と GDP の関係は異なるであろうことも予想できます。

4.2 貨幣の資産需要

貨幣を価値貯蔵手段として考えると，他の金融資産（ここでは国債をイメージしてください）と競合しています。1万円札は1年後にも1万円札ですから，1万円の価値を保つことはできます。一方，1万円の（1年もの）国債は1年後に1万円の元金と利息とが支払われますから，国債保有の方が1年後には1万円札で持っていた場合に比べて，より大きな価値を得ることができます。

ところが，途中で旅行に行きたくなっても国債では旅行代金を支払えませんが，現金ならいつでも旅行代金に使えます。このように，貨幣には金利が付きませんが，いつでも使えるというメリットがあります。つまり，金利を得られないというマイナス面と，便利であるというプラス面とを考慮して，私たちは貨幣をいくら持つか（**貨幣の資産需要**）を決めているはずです。

当然，貨幣と競合する国債の魅力（要するに国債の金利）が上がれば，貨幣ではなく国債を保有したいと考えるようになります。このように，金利が上がれば貨幣の貯蓄機能は（相対的に）弱くなりますので，貨幣の資産需要は減少するはずです。

なお，金利と貨幣需要の間の関係を厳密に説明する考え方として，在庫理論アプローチや流動性選好説などが知られています。しかし本書のレベルでは，金利が上がれば貨幣需要が減少するという関係を知っておけば十分です。

4.3 貨幣市場での需要と供給

以上の説明から，貨幣需要は，所得（GDP）や金利の影響を受けることがわかりました。念のため，取引需要と資産需要を図示すると，**図表8－3**のようになります。

図表8−3 ▶▶▶ 貨幣需要関数

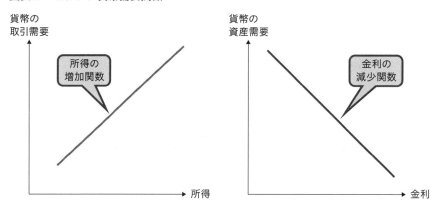

図表8−4 ▶▶▶ 貨幣供給関数

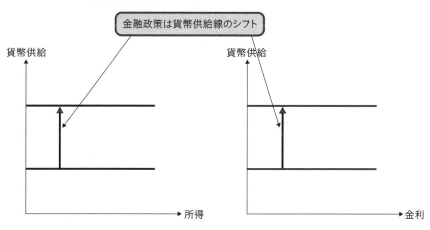

　これで，貨幣需要の性質がわかりました。財市場でも同じですが，経済学では常に需要と供給を考えます。したがって，次に考えるのは貨幣の供給です。入門レベルのマクロ経済学では，貨幣の供給については次のように考えれば十分です。

　現金通貨を供給できるのは日本銀行だけです。貨幣乗数が一定だとすると，現金通貨の貨幣乗数倍の貨幣供給が生み出されることになりますから，結局，

貨幣供給は日本銀行が操作できるといってよいことになります。

　日本銀行が貨幣供給を自由に操作できるという仮定は，**図表8―3**のように貨幣供給関数を所得や金利を横軸にとって描くと，水平線になることを意味します（**図表8―4**）。そして，日本銀行が貨幣供給量を変化させるということ（**金融政策**）は，この貨幣供給線を上下に動かすことなのです。

4.4　貨幣市場における需給の均衡と金利の決定

　次に考えることは，貨幣の需要と供給の一致です。（説明が容易なので）しばらく，所得が一定であるとしておきます。すると貨幣の取引需要の額は一定です。たとえば，その値が100兆円であるとします。一方，貨幣供給が150兆円であるとしますと，貨幣の需要と供給が一致するには，50兆円だけの貨幣の資産需要が発生している必要があります。**図表8―3**の右側の図を使えば，金利が何％の時に，資産需要が50兆円になるかがわかるはずです。この金利以外では，貨幣の需要と供給が一致しないので，何らかの調整が行われるはずです。

　図表8―5を使って説明しましょう（**図表8―3**とは縦軸と横軸を入れ替えています）。日本銀行の貨幣供給を M^* とします。取引需要の部分をあらかじめ控除してあると思っておいてください。貨幣供給は金利に関係しませんから，図では垂直の直線で表されます。貨幣の資産需要は，金利の減少関数でしたから，右下がりに描かれます。

　貨幣市場の需要と供給が一致するのは，2つの線が交わるところです。金利は r^* となります。いま，金利が r^* よりも低い r_1 だったとしましょう。そうしますと，貨幣需要が貨幣供給を上回ってしまいます。何が起こるでしょうか。

　これを考えるには，貨幣の資産需要が他の金融商品との競合で説明できると言うことを思い出してください。つまり，r_1 という金利は，貨幣と競合関係にある国債の金利でした。r_1 という低い金利では，わざわざ不便な国債を持つよりも貨幣を持っていたいという人が多いという状態なのです。国債の

図表8−5 ▶ ▶ ▶ 貨幣市場における需要と供給の一致

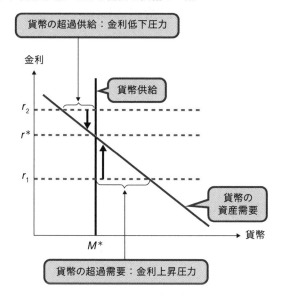

人気がないわけですから，国債は売れなくなります。国債を売るには，国債
の金利を引き上げて国債の人気を高めねばなりません。つまり，r_1という金
利では国債が売れませんので，金利が上昇します。

　逆に，r^*よりも高い金利r_2ですと，今度は国債の人気が高まりすぎて，
それほど高い金利をつけなくても国債は売れますので，国債の金利は下がり
ます。そして，r^*になったところで，国債の需要と供給が一致してそれ以
上の金利の変化は起こらなくなります。r^*が**均衡金利**だという意味がわか
ったと思います。

　ところで，貨幣市場での均衡金利というのは，じつは，国債市場の需要と
供給を均衡させる金利でもあることが，以上の説明から理解できると思いま
す。つまり，貨幣市場が均衡すれば，その裏側で他の金融資産の需要と供給
も一致しているのです。これは大変便利な性質で，私たちの分析も（国債市
場のことは忘れて）貨幣市場に集中しておけば十分だということになります。

5 / 現実の貨幣供給と金利の関係

　図表8−5で貨幣供給と貨幣需要が等しくなるところで金利が決まることがわかりました。この図を使うと，M^*が右に動けば（つまり，貨幣供給を増やせば），交点で決まる均衡金利が低下することは明らかでしょう。

　実際に，1970年から2019年までの期間について，貨幣供給（M 2 ）と金利（長期プライムレート）の関係を調べてみたのが**図表8−6**です。1990年前後のバブル期を別にすると，右下がりの関係を読みとることができます。ただ，M 2 が500兆円を超えたあたりからは，貨幣供給が増えるわりには金利は下がらなくなっています。この点は，第 9 章の「流動性の罠」で説明します。

図表8−6 ▶▶▶貨幣供給と金利の関係

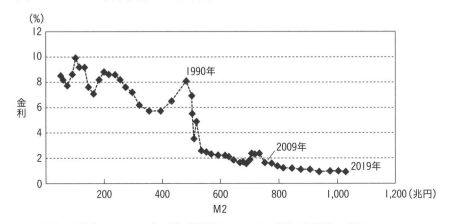

注：金利は，長期プライムレート（年末値），貨幣供給としては，M 2 （暦年平均残高）を利用している。
出所：日本銀行のホームページ資料をもとに筆者作成。

6 マクロ金融政策の政策手段

入門段階の皆さんにとっては，マクロ金融政策は貨幣供給の変化であると覚えておけば十分だと思いますが，実際の**金融政策の手段**についても少し説明をしておきます。代表的な手段が，①公定歩合操作，②預金準備率操作，③公開市場操作，です。

6.1 公定歩合操作

中央銀行が民間銀行に対してお金を貸す際に適用する金利が**公定歩合**です。この公定歩合を変更することで経済活動に影響を与えます。現実の公定歩合の推移を参考のために，**図表8―7**に示しました。

公定歩合操作には，コスト効果とアナウンスメント効果という2つの政策効果があります。**コスト効果**とは次のようなものです。中央銀行からの借入金利が上昇すると，民間銀行の資金コストが上昇するので，民間銀行は貸出金利を引き上げます。すると，銀行からの借入れで投資を実行しようとしていた企業は，資金コストが上昇したために，予定していた投資計画が魅力を失ったことに気がつきます。こうして，企業の投資計画が取りやめになり，経済全体の活動水準が抑制されるのです。逆に，公定歩合を引き下げると，上述したのと逆で，経済活動を刺激することになります。

公定歩合政策の**アナウンスメント効果**とは，公定歩合の上げ下げが，中央銀行の政策スタンスを市場に伝達する効果のことです。たとえば，公定歩合の引き上げは，日本銀行がインフレを懸念していることを市場に伝えていることになります。公定歩合引き上げのニュースから民間経済主体が金利の（将来の）上昇を予測して，投資計画などを改めるでしょう。つまり，公定歩合政策は市場参加者の予想に働きかけて，市場金利に影響を及ぼす可能性があります。

ついでながら，日本銀行は2006年に「公定歩合」という用語の利用をやめ

図表8－7 ▶ ▶ ▶ 公定歩合の推移

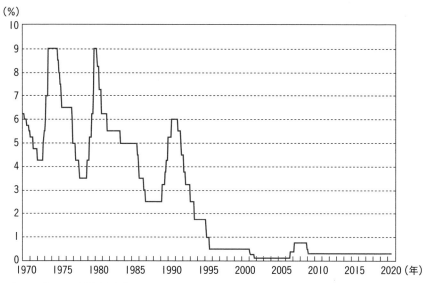

注：2006年8月に，補完貸付制度の基準割引率という名称に変更。
出所：日本銀行のホームページ資料をもとに筆者作成。

て，従来の公定歩合に当たるものを，「（補完貸付制度の）基準割引率および
基準貸付利率」という名称で呼ぶことにしました。というのは，2001年に補
完貸付制度が導入され，事実上，公定歩合は，公開市場操作の操作目標であ
る無担保コールレート（オーバーナイト物）に一定の金利を上乗せするもの
になったからです。**補完貸付制度**とは，いざというときに銀行が市場金利＋
アルファで調達できる枠組みを提供して，銀行の資金ショートが起こらない
ようにする貸付制度です。つまり，現在の日本では，公定歩合にはかつての
ような政策金利としての意味合いがなくなりました。金融市場が発達してく
ると，銀行への貸出金利だけを操作しても経済を運営することが難しいから
です。しかし，世界を見渡すと金融市場が未発達の国々は今も多数あります。
もちろん，そうした国々では公定歩合が政策金利としての意味を持っていま
す。

6.2 預金準備率操作

1957年5月に公布された「準備預金制度に関する法律」（1959年9月より適用）に基づき，わが国のほとんどの金融機関は，その負債の一定割合を日本銀行に無利息で預金しなければならないことになっています。もともと，このような預金準備率規制は，預金者保護の観点から欧米で導入されたものですが，現在では，預金者保護としての機能はほとんど持っておらず，金融政策手段の1つとして位置づけられています。

預金準備率操作には，3つの効果があります。第1が**流動性効果**です。準備預金率が引き上げられると，民間銀行は準備預金が不足し，貸出を回収したり，貸出を抑制したりして準備を積み増す必要が出てきます。なお，経済学では，「**流動性**」という言葉がしばしば出てきますが，多くの場合は日常用語の「お金」と置き換えて理解しておいて大丈夫です。「流動性が高い」と言うのは，「お金にすぐに替えられる」というように理解してください。

第2の効果は，**コスト効果**です。中央銀行への準備預金には金利が付与されないので，預金準備率が引き上げられると，実際に運用に使える部分をより高い金利で運用する必要に迫られるからです。第3の効果は，公定歩合操作と同様に，**アナウンスメント効果**です。

ただ実際には，最近の日本では，預金準備率操作は，金融政策の主要な政策手段ではなくなっています。

6.3 公開市場操作

現在の金融政策の主要手段が公開市場操作です。**公開市場操作**とは，中央銀行が，金融市場において国債などの債券や手形の売買を行うことで，市場の資金需給に影響を与える政策手段です。実際にはインターバンク市場（銀行間市場）であるコール市場が政策発動の中心的な場となっており，無担保翌日物コールレートが**政策誘導金利**として使われています。

売りオペレーション（売りオペ）では，中央銀行が債券を売却し，その売

上代金を市場から吸収するので，金利上昇圧力が市場にかかります。逆に，**買いオペレーション**（**買いオペ**）では，中央銀行が債券を買い入れるので，その分，市中に資金が供給され，金利が低下します。これから，金融政策によって貨幣供給（マネーサプライ）を調整するという話がよく出てきますが，この公開市場操作を念頭に置いておくと理解しやすいと思います。

次の点で，公開市場操作は他の政策手段に比べて優れています。

① 公開市場操作では，ベースマネー（現金通貨など）の量を直接コントロールできる。

② 伸縮性に富む。巨額のオペもごくわずかのオペも状況に応じて使い分けることができ，マネーストックの微調整が可能である。

③ 政策変更が容易である。行き過ぎであれば，逆方向のオペを直ちに実行できる。

④ 公定歩合政策と違って，迅速な政策実施が可能である。

7 日本の貨幣乗数
ベースマネーと貨幣供給

第2節で貨幣は，現金通貨のほかに，預金通貨や準通貨で構成されることを説明しました。また，第3節では，民間銀行が預金を貸出に使うことで，貨幣を創造していくプロセスを説明しました。これらのことから，民間の経済主体や銀行の行動によって，貨幣の量が変わってくることがわかります。たとえば，民間銀行が預金を預かっても，貸出に使わなければ，貨幣創造は行われませんし，お金を受け取った民間経済主体が銀行に預金しないと，銀行はそもそも貸出ができません。

日本銀行が実際に操作できるのは，**ベースマネー**（あるいは，**マネタリーベース**ともいいます）だけで，この「お金のもと」が何倍の貨幣に膨らむかは，民間経済主体や銀行の行動次第です。日銀統計では，ベースマネーは，日本銀行券発行高＋貨幣流通高＋日銀当座預金，で定義されています。このうち，日銀当座預金とは，民間銀行が日本銀行に預けている預金のことです。

図表8－8 ▶ ▶ ▶ 貨幣乗数の動き

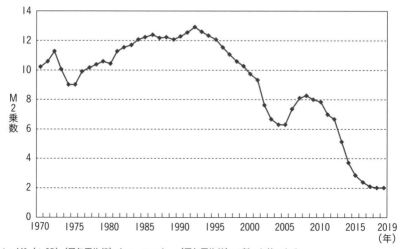

注1：M2（＋CD）（暦年平均値）をベースマネー（暦年平均値）で割った値である。
注2：マネーストック統計の改訂に伴い，1970-1998年，1999-2003年，2004年以降の3つの時期で，定義が異なる。
出所：日本銀行のホームページ資料をもとに筆者作成。

　金融政策の枠組みを単純化して述べると，①中央銀行がベースマネーを操作し，②ベースマネーの変化に貨幣供給が反応し，③さらに，貨幣供給の変化が経済活動に影響を与えるという図式になります。本書では日本銀行が貨幣供給を操作できるとして議論を続けます。つまり，①と②が成り立つことを前提にして，③を分析するわけです。

　本当に日本銀行が貨幣供給をコントロールできるのでしょうか。あまりに現実離れした想定なら，これからの議論の有用性にも疑問が生じてしまいます。日本銀行のコントロール能力を判断する一つの基準は，ベースマネーと貨幣供給（M1やM2＋CD）の関係が安定しているかです。言い換えれば，**貨幣乗数の安定性**を実証的に確かめてみればよいわけです。

　貨幣乗数が安定的であれば，あるいは少なくとも変化の方向が予想できれば，ベースマネーの調整によって必要な貨幣供給を実現することが可能になるはずだからです。たとえば，乗数が5なら，10兆円の貨幣供給量が必要な場合に，日本銀行は2兆円のベースマネーを（公開市場操作の買いオペによって）供給すればいいということになります。そこで，実際のベースマネー

と貨幣供給量の関係を見てみましょう。

M2に関する貨幣乗数の変化を**図表8—8**に示しました。M2乗数は石油危機の一時的な混乱を除くと，1986年ごろまでは水準そのものは変化し続けましたが，変化の方向や大きさは安定的でした。そして，1987年から1993年ごろまでは，ほぼ一定となりました。ところが，1993年ごろから，これまでと傾向が変わり，M2乗数は低下し始めました。ようやく2003年ごろで低下が止まり，少し上昇する時期もありましたが，2010年以降，再び低下しています。こうした乗数の変化をもたらした要因を分析することも，経済学の重要な課題になっています。たとえば，1990年代の貨幣乗数の動きには，金融自由化はもちろんのこと，超低金利政策や金融不安の高まりも影響しているであろうことは想像に難くないと思います。

図に示された貨幣乗数が（厳密な意味で）安定的と評価して良いかは専門的な研究に委ねることにしまして，本書では金融政策によって貨幣供給が操作できると考えることにします。

Discussion   議 論 し よ う

日本銀行はいわゆるアベノミクスの一環で，2013年4月に，「量的・質的金融緩和」を始めました。その緩和政策に基づいて多額の国債やETF（上場投資信託）を購入しています。日本銀行が国債やETFを大量に保有することの効果や問題点について議論してみましょう。

Training   解 い て み よ う

図表8—5を使って，中央銀行が貨幣供給を増やした場合，均衡金利（需要と供給が一致する金利）はどのように変化するかを説明してみましょう。

第 **9** 章 **IS−LMモデル**

Learning Points

▶財市場の均衡条件から IS 曲線を導出しましょう。
▶貨幣市場の均衡条件から LM 曲線を導出しましょう。
▶財政政策や金融政策によって IS 曲線や LM 曲線がどのようにシフトするか
を理解しましょう。
▶ IS 曲線や LM 曲線の形状が経済構造に依存することを理解しましょう。

Key Words

IS曲線　LM曲線　所得弾力性　金利弾力性　財政・金融政策

1 財市場と金融市場の相互関係

すでに財市場と貨幣市場について，それぞれ分析を行ってきました。「第
7章　総需要の経済学」では，財市場の需要と供給が等しくなるという条件
から，均衡所得の大きさを求めました。需要と供給が等しくなるのは，価格
の変動によるのではなく，数量調整によってでした。一方，「第8章　金融
市場の分析」では，金利が動いて金融市場での需要と供給が調整されること
を説明しました。

しかし，これらの章では，金利が財市場の需給に与える影響，言い換えれ
ば，金融市場と財市場の相互関係が考慮されていませんでした。実際には，
金利が投資や消費に影響を与えますし，逆に，所得が金融市場の需要や供給
にも影響を与えるはずですから，第7章と第8章の分析はいずれも不十分だ
といわざるを得ません。

財市場と金融市場の相互関係を明示的に分析ができれば，経済の実態をよ

り正しく分析できるはずです。そうすれば，第7章と違って，金融政策の影響も分析できますし，財政政策についてもずっと正確な効果がわかります。こうした分析を行う理論的なフレームワークとして，イギリスの経済学者ヒックスが考案したIS－LMモデルがもっともよく使われています。

2 / 財市場の均衡
IS曲線の導出

　IS－LMモデルでは，経済全体を財市場，金融市場および労働市場に集約して考えます。IS－LMモデルでは（というよりもほとんどの経済学のモデルでは），①財市場と貨幣市場は常に均衡していると考えます。**均衡状態**とは，それぞれの市場で需要と供給が等しくなっており，新たな調整（数量調整であれ，価格調整であれ）が起こらない状態です。しかし，②IS－LMモデルは，労働市場では，財市場や貨幣市場と異なって，均衡が成立するとは限らず，**非自発的失業**が発生するかもしれないと考えます。

　このような構造を持つIS－LMモデルは，財市場の分析と金融市場の分析とに分けて考えると理解が容易です。そこで，財市場の分析から始めましょう。

2.1 ▶ 財市場の均衡と投資・貯蓄

　まず，**財市場**の均衡を考えます。IS曲線が財市場の分析です。ISとは，投資（Investment）と貯蓄（Savings）の英語の頭文字をとった呼び名で，「投資と貯蓄が等しい」という意味合いを持っています。

　なぜ，財市場の需要と供給の均衡の話をするのに，急に投資と貯蓄が等しいというような話が出てきたのでしょうか。実は，投資と貯蓄が等しいということと，財市場での需要と供給が等しいということは同じ現象を裏から見たか表から見たかということなのです。つまり，貯蓄と投資が等しくなっている時には，財市場の需給も均衡しており，逆に，財市場の需給が均衡して

いる時には貯蓄と投資も等しくなっています。

　財市場の需給均衡ということで話を進めることもできるのですが，貯蓄と投資を使った説明が普通ですし，政策的な議論をするところでも便利ですので，ちょっと回り道をして，まず，財市場の均衡と貯蓄・投資との関係について説明しておきましょう。

　財市場での需要と供給が一致している条件式を思い出してください。Yを所得（生産＝供給です），Cを民間消費，PIを民間投資，Gを政府支出とします（政府部門をゼロとして，もっと簡単に説明することも可能ですが，財政政策の影響をあとで調べますので，加えておきます）。さらに政府支出を政府消費支出GCと政府投資支出GIとに分けて考えますと，財市場の需給均衡は次のように書けます。

$$Y = C + PI + G = C + PI + GC + GI$$

　ここで，$Y - C - GC$（所得から消費を引いたモノ）が総貯蓄Sであるということに注目してください。上の式で消費部分（$C + GC$）を右辺から左辺に移項すれば，次のように書き直すことができます。

$$S \equiv Y - (C + GC) = PI + GI$$

　もちろん，最後の式，$PI + GI$は社会全体の投資（総投資I）です。したがって，財市場の需給均衡条件は，$S = I$と書けることが明らかになりました。そこで以下では消費関数を使わずに，**貯蓄関数**を使って議論を進めます。

　議論を進める前に，やや蛇足ですが，貯蓄を民間貯蓄PSと政府貯蓄GSに分けて議論することもできる点を説明しておきます。今，政府の税収をTとしますと，民間にとっての貯蓄PSは，可処分所得（＝所得から税を支払った残り）から消費した部分を除いた部分です。つまり，$PS = (Y - T) - C$です。他方，政府の貯蓄GSは，政府の収入（T）から政府支出を引いた部分，$T - GC$です。したがって，社会全体の貯蓄はその合計（$PS + GS$）になりますから，（Tは打ち消し合ってなくなってしまいますので），上のSと同じ結果（つまり，$Y - (C + GC)$）になります。

　さて，貯蓄（消費）は所得の関数でした。つまり，所得が増えると貯蓄も増えるという関係があります。また，投資の限界効率の議論によれば，金利が上昇すると投資は減少します。もちろん，消費や投資が所得や金利以外のいろいろな要素の影響を受けるのは確実ですが，本質を理解することが重要ですので，当面は貯蓄と所得，および投資と金利の関係だけに注目したいと思います。この2つの関係をグラフにそれぞれ描いたのが**図表9－1**です。

　この2つのグラフから，財市場での需給が均衡している（すなわち，貯蓄と投資が等しい）時には，所得 Y と金利 r には一定の関係があることがわかります。たとえば，所得が Y_1 だとします。この時，貯蓄は S_1 になり，貯蓄と投資が等しいためには，投資は I_1 になる必要があります。すると，投資関数のグラフから，I_1 の投資を実現するには，金利は r_1 でなければならないことがわかります。すなわち，所得が Y_1 の時には，金利が r_1 でなければ財市場は均衡しないのです。同じように考えますと，所得が Y_2 である時には，金利は r_2 になるはずです。

　この2つの均衡点を比較しますと，所得が増える（Y_1 から Y_2 へ）時に，

図表9－1 ▶▶▶貯蓄関数と投資関数

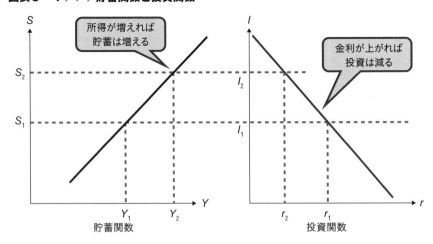

図表9－2 ▶ ▶ ▶ IS 曲線

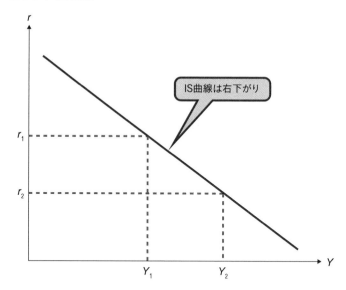

財市場の均衡を保つには金利が下がる（r_1からr_2へ）必要があることがわかります。経済的なメカニズムでいえば，所得が増えると貯蓄が増えますから，その貯蓄に見合うだけの投資が増えなければなりません。投資が増えるには金利が下がる必要があります。

　横軸に所得 Y，縦軸に金利 r をとって，**IS 曲線**をグラフに描いてみたのが，**図表9－2**です。以上の説明で明らかなように，IS 曲線は右下がりになります。これで財市場の均衡を示す IS 曲線が導出できました。

3 IS 曲線の性質

　次に，IS 曲線の性質を調べておくことにしましょう。IS 曲線が右下がりに描けることはわかっていますが，その傾きが経済政策を考える時に大変重要になります。その理由は後で述べることにして，**IS 曲線の傾き**に影響するのはどういった要素であるかを考えましょう。

といってもこの簡単なモデルでは2つの要素だけですから安心してくださ
い。まず，貯蓄性向（あるいは，消費性向）です。これは，図でいえば，貯
蓄関数の傾きでした。もう1つが，投資の金利弾力性です。これは，投資関
数の傾きを示しています。この2つがIS曲線の形状を左右します。

3.1　貯蓄（消費）性向の影響

　まず，**貯蓄性向**を考えましょう。貯蓄性向が高いということは，**図表9－
1**でいえば，**貯蓄関数**の傾きが急になることを意味します。所得が100万円
増加した時に，以前なら20万円しか貯蓄しなかったのに，40万円貯蓄するよ
うになるといった状態です。

　図を使って考えてみましょう。**図表9－3**は**図表9－1**とほぼ同じですが，
貯蓄関数が2本描いてあります。傾きの緩い（貯蓄性向の低い……したがっ
て「消費好き」）貯蓄関数と傾きの急な（「消費嫌い」）貯蓄関数です。所得
が Y_1 から Y_2 に増大した時に，どのくらい金利が上昇する必要があるかが

図表9－3 ▶▶▶ **貯蓄（消費）性向の相違により異なる金利の変動幅**

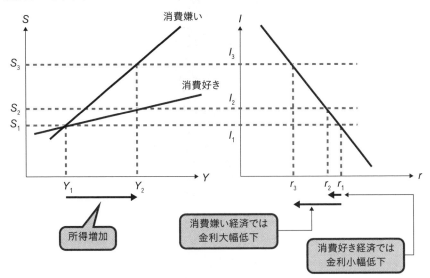

図からわかります。

　まず，Y_1の時に，財市場を均衡させる金利が，r_1であるのは「消費好き」でも「消費嫌い」でも同じです。いま，所得がY_2に増加した時の均衡金利を求めてみましょう。「消費好き」経済では，貯蓄はそれほど伸びません。受け取った所得の大半を消費してしまうからです。したがって，貯蓄の増加に対応した投資の増加はそれほど多くなくてもかまいません。金利の下落もわずか（r_1からr_2へ）でよいわけです。

　他方，「消費嫌い」経済では，受け取った所得の大半を貯蓄してしまいますから傾きは45度に近くなります（傾きが45度の時には増加した所得を全く消費にあてない貯蓄性向100％の状態です）。すると，Y_2の所得に対して貯蓄は大きく増えます。図ではS_3まで増えています。これに対応するには投資もI_3まで増える必要があります。これだけの投資を増やすには，金利がかなり下落（r_1からr_3へ）する必要があることになります。

　したがって，同じだけの所得の増加に対して，「消費好き」経済の方が金利の動きがわずかで調整可能ですから，「消費好き」経済のIS曲線の方が緩やかな傾きになります。念のために，IS曲線を図示すると，**図表9－4**のようになります。

図表9－4 ▶ ▶ ▶ 消費性向によるIS曲線の相違

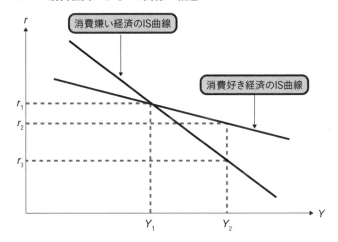

3.2 投資の金利弾力性の影響

次に，**投資の金利弾力性**を考えてみます。「投資が金利弾力的だ」というのは，金利が変化すると投資が大きく影響を受ける状態をいいました。本章で使っている，金利を横軸にして，投資を縦軸にしたグラフでいえば，垂直に近いほど金利弾力的です。他方，金利が変動しても投資にほとんど影響しない状態（金利非弾力的）も考えられます。これは水平に近いグラフになります（**図表5―5**を思い出してください）。

図表9―3と同じような図を使って，考えてみましょう。**図表9―5**をみてください。今度は，投資関数が2本描かれています。1本が「金利弾力的」な投資関数で，もう1本が「金利非弾力的」なものです。いずれの投資関数とも I_1 を実現する金利水準は r_1 になっています。さて，所得が Y_2 に増えたとしましょう。所得の増加によって貯蓄も S_2 に増加していますから（需給が均衡するためには），投資も I_2 に増加する必要があります。グラフを見

図表9―5 ▶▶▶投資の金利弾力性の相違により異なる金利の変動幅

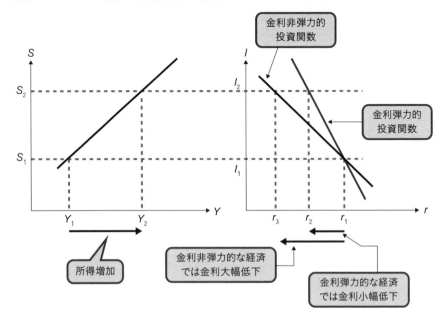

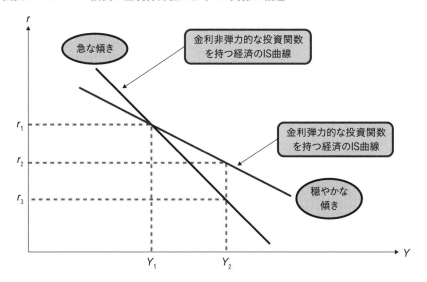

るると明らかなように,「金利弾力的」投資関数では金利は r_2,「非弾力的」
投資関数では金利は r_3 になります。つまり,「金利非弾力的」な場合の方が,
金利が大幅に低下しないと投資が貯蓄の増加に見合っただけ増加しないので
す。

　したがって,投資の金利弾力性の大きさに応じて IS 曲線の傾きが異なる
ことがわかったと思います。同じ所得の増加に対して,「非弾力的」な時の
方が金利は大きく低下しなければなりませんから,IS 曲線の傾きは急にな
ります。念のために,IS 曲線を描いておきますと,**図表9－6**のようにな
ります。

3.3 　財政政策の効果

　政府支出の大きさも,IS 曲線の形状に影響します。政府支出が政府消費
支出か政府投資支出かによって貯蓄関数に影響するのか,投資関数に影響す
るのかが違ってきますが,どちらと考えてもそれほどの差異はありません。
そこで,政府支出は投資支出であるとして説明を続けます。

図表9－7 ▶ ▶ ▶ 政府投資による投資関数のシフト

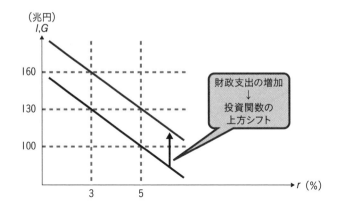

　政府支出が増えたら，IS 曲線はどうなるかを考えます。政府支出は金利の影響を受けないとします。たとえば，金利5％の時に民間投資が100兆円，金利3％の時に民間投資が130兆円であるというのがもともとの（民間）投資関数だったとします（民間投資は金利の減少関数でした）。

　政府が30兆円の投資を実施することになれば，金利5％の時の総投資は民間分の100兆円と政府分の30兆円の合計130兆円となり，同じように，金利3％の時には，民間投資130兆円と政府投資30兆円の合計160兆円です。したがって，政府支出が増えると，**図表9―7**のように，投資関数は（政府投資の分だけ）上方に平行移動することになります。

　投資関数が上方に平行移動すると，IS 曲線はどうなるでしょうか。結論からいいますと，IS 曲線の傾きは変化しませんが，IS 曲線自身は右側に平行移動することになります。図を使って考えてみましょう。**図表9―8**をみてください。

　最初に，**図表9―8❸**の投資関数をみてください。政府支出の拡大によって投資関数がシフトすることはすでに確認しました（**図表9―7**とは軸が入れ替わっているので，政府支出の増加は投資関数の右側へのシフトになります）。まず，政府支出拡大前の黒線の投資関数を使って考えます。金利が r_1 であるとします。この時，投資の大きさは I_1 です。財市場の均衡は貯蓄と

図表9－8▶▶▶財政政策によるIS曲線のシフト

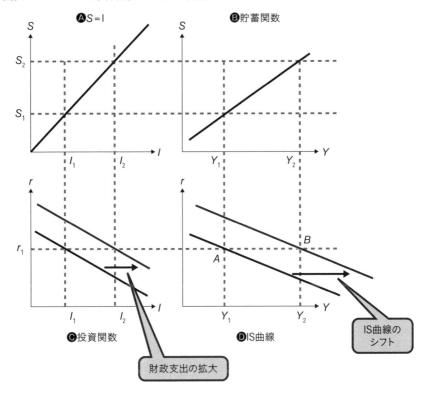

ⒶS＝I **Ⓑ**貯蓄関数

Ⓒ投資関数 **Ⓓ**IS曲線

財政支出の拡大

IS曲線の
シフト

投資が等しいことでしたから，**図表9－8Ⓐ**に示されるようにS_1の貯蓄が
必要です。貯蓄関数から貯蓄の大きさがS_1になるには所得がY_1であること
がわかります（**図表9－8Ⓑ**）。したがって，**図表9－8Ⓓ**に示されるように，
IS曲線は，A点（Y_1，r_1）を通ります。

いま，政府がGだけの財政投資を行うことを決めて，**図表9－8Ⓒ**の投
資関数が右側にシフトして青線の投資関数になったとします。金利r_1の時
に実現する投資は，いまやI_1よりもGの分だけ大きくI_2になります。この
投資と等しい貯蓄S_2を実現するには，所得はY_2である必要があります（**図
表9－8Ⓑ**）。したがって，新しいIS曲線はB点（Y_2，r_1）を通ります。
つまり，同じ金利に対して，政府支出が増大した結果，従来よりも高い所得
が対応することになります。

同じことを別の金利で繰り返しますと，財政政策によって，**図表9−8 D** の IS 曲線が右側にシフトすることが確かめられます。

4 / 貨幣市場の均衡
LM曲線の導出

以上で，IS 曲線の勉強が終わりました。次に貨幣市場の均衡について考えます。すでに重要なことは，「第8章　金融市場の分析」で説明してありますが，復習をかねて改めて説明します。

貨幣市場の需要を L（Liquidity〈流動性〉の頭文字をとっています），供給を M（文字通り，Money の頭文字です）としますと，貨幣市場の均衡は $L=M$ で表せます。この関係が **LM曲線** です。

貨幣需要 は，取引需要と資産需要に分けられ，それぞれ所得 Y と金利 r の関数でした。他方，貨幣供給は中央銀行によって自由に決定できると考えるので，Y や r の水準とは独立しています。そこで，次のような式の形で LM 曲線を書くことができます。

$$M=L\ (Y,\ r)$$

もちろん，所得 Y が増加すると貨幣需要は増加します（**取引需要**）。金利 r が上昇した場合は，逆に貨幣需要は減少します（**資産需要**）。すると，IS 曲線と同様に，横軸に Y を縦軸に r をとった平面に，LM 曲線を描くと，（貨幣供給を一定とすれば）右上がりの関係が描けます。

なぜなら，所得が増加すると貨幣の取引需要が増えます。しかし，貨幣供給が変化しませんから貨幣市場での需給均衡が維持されるには，取引需要の増加分を相殺するように，資産需要が減少しなければなりません。資産需要が減少するには金利が上昇する必要があります。要するに，所得が増加すると金利が上昇することで，貨幣市場の需給はバランスがとれます。ですから，貨幣市場の均衡を示す LM 曲線は右上がりの関係になるわけです。

この点を図を使って確認しておきたいと思います。**図表9−9** をみてくだ

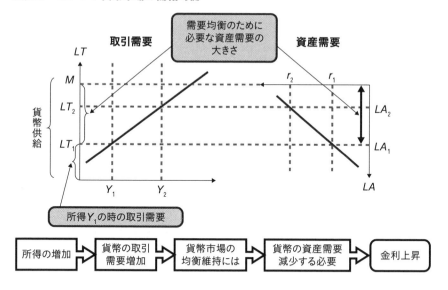

図表9−9 ▶▶▶ 貨幣市場の需給均衡

さい。2つのグラフがあります。左側の部分が，貨幣の取引需要の部分を示しています。当然ですが右上がりになります。右側は資産需要を示していますが，後の議論のために，原点を右上においています。つまり，ちょうど逆さまにしてみてもらえれば，金利が上昇すると資産需要が減少するという関係を描いていることがはっきりすると思います。

所得が Y_1 であるとしますと，取引需要の大きさは LT_1 です。貨幣供給が M であるとしますと，その差額（$=M-LT_1$）が資産需要によって吸収されなければ貨幣市場は均衡しません。この額の資産需要が発生するには右側のグラフを見て，金利が r_1 であることがわかると思います。

所得が増えて Y_2 になったとしましょう。所得が増えましたので取引需要も増えました。その結果，（貨幣供給が一定ですので）資産需要が LT_2-LT_1 の分だけ減少する必要があります。つまり，金利が上昇しなければ均衡が回復できないのです。図でいえば，均衡金利は r_1 よりも高い r_2 になります。

これで，LM 曲線を描くことができます。貨幣市場が均衡するには，所得が増加した時に金利は上昇します。当然，横軸に所得，縦軸に金利をとった

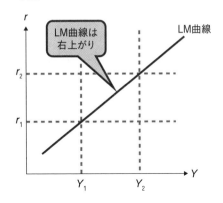

場合には，右上がりになるはずです。LM 曲線を**図表9—10**に描いてみま
した。

5 / LM曲線の性質

さて，LM 曲線の形状についても，どのような要素が影響するのかを考え
ておきましょう。取引需要と資産需要が問題になることは明らかでしょう。

5.1 　貨幣需要の所得弾力性

まず，取引需要から考えます。所得が増えた時にどの程度，貨幣需要を増
やすかを，**貨幣需要の所得弾力性**といいます。たとえば，クレジットカード
が普及すれば，所得が増えてもそれほど貨幣を利用する必要はなくなると思
われますから，貨幣需要の所得弾力性は小さいと予想されます。逆に現金決
済が中心の経済では，所得の伸びに応じて貨幣需要も大きくなると考えられ
るので，貨幣需要の所得弾力性は大きくなります。貨幣需要の所得弾力性の
違いが LM 曲線の形状に与える影響を考えてみましょう。

所得弾力性が大きい時には，所得が増えると貨幣需要は大きく増えます。

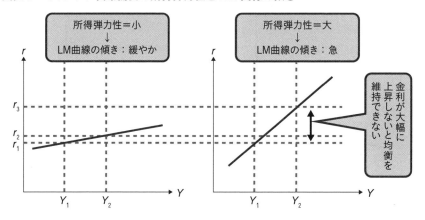

図表9−11 ▶▶▶ 貨幣需要の所得弾力性とLM曲線の傾き

貨幣供給量が一定ですから，資産需要がそれだけ大きく減少しないと，貨幣市場の均衡は保てません。貨幣の資産需要が大きく減少するには，金利が大きく上昇しないといけないのは明らかです。したがって，貨幣需要が所得弾力的であるほど，同じ所得の増加に対して，金利の大きな上昇が必要になります。LM曲線の傾きでいえば，貨幣需要が所得弾力的であるほど，LM曲線の傾きは急になります（図表9—11）。

5.2 貨幣需要の金利弾力性

次に，資産需要です。金利が変化した時に貨幣の資産需要がどの程度変化するかが**貨幣需要の金利弾力性**です。金利がちょっと上がっただけで貨幣需要が大きく減少するような場合を金利弾力的と呼びます。金利弾力性の大きさがLM曲線の形状にどのような影響を与えるかを考えましょう。

所得が増えたとします。当然，貨幣の取引需要は増加します。貨幣市場が均衡を保つためには，貨幣の資産需要が減少しなければなりません。貨幣の資産需要が金利弾力的である場合には，金利がわずかに上昇すれば，必要な資産需要の減少が得られます。逆に非弾力的ならば，金利が相当上昇しないと，資産需要が（需給均衡を回復するのに）十分に減少しません。

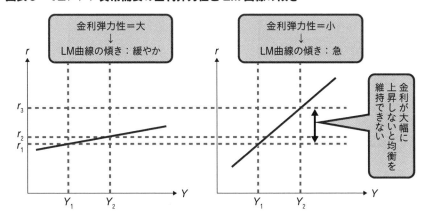

したがって，金利弾力的な場合の方が，同じ所得の増加に対して金利の上昇の必要性が小さいことになり，LM 曲線の傾きは緩やかになります（**図表9―12**）。

5.3 　貨幣供給の変化

最後に，**貨幣供給**が変化した時の LM 曲線への影響を考えます。**金融政策**は貨幣供給の操作でしたから，金融政策の影響を考えることになります。所得を一定として考えると，貨幣供給の増加によって貨幣市場に超過供給が発生します。均衡を回復するには貨幣需要が増える必要がありますが，所得を一定と考えていますので取引需要は変化しません。すると，資産需要が増える必要があります。資産需要が増えるには金利が低下しなければなりません。したがって，貨幣供給の増加によって，同じ所得に対して，今までよりも低い金利が対応することになります。**図表9―10**でいえば，貨幣供給が拡大すると，LM 曲線は右下方にシフトすることになります。逆に，金利を一定として考えても同じ結論が得られます。

金融政策によって LM 曲線がどのようにシフトするかは非常に重要ですから，もう一度図を使って説明しておきます。

図表9—13 ▶▶▶ **貨幣供給の変化とLM曲線のシフト**

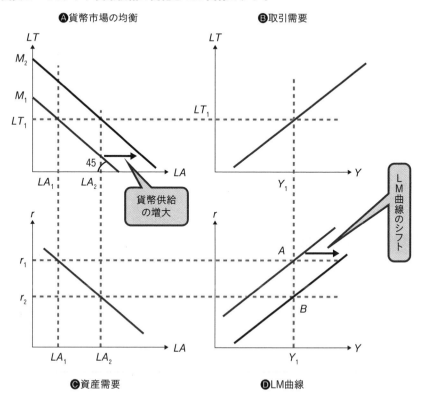

　図表9—13を見てください。所得を Y_1 とします。貨幣の取引需要は**図表9—13❸**から LT_1 であることがわかります。貨幣供給量が M_1 であるとしますと，**図表9—13❹**の青線（$M_1 = LA + LT$）が貨幣市場の均衡条件を表します。図に示されように，この青線と縦軸との交点は貨幣供給の大きさ（M_1）を示します。取引需要が LT_1 ですから，均衡のために必要な貨幣の資産需要の大きさは LA_1（$= M_1 - LT_1$）となります。この大きさの資産需要を実現するには金利は r_1 でなければなりません（**図表9—13❸**）ので，LM曲線が A 点（Y_1, r_1）を通ること（**図表9—13❹**）がわかります。

　貨幣供給が増えて M_2 になった場合を次に考えます。図でいえば，**図表9—13❹**の貨幣市場の均衡を示す青線が，黒線にシフトしたことになります。

所得 Y_1 に対する取引需要は LT_1 のままですから，貨幣供給の増加分（M_2 $-M_1$）だけ，資産需要が増える必要性があります。すなわち，資産需要が今や LA_2 にならなければなりません。**図表9−13❸** からわかるように，LA_2 の資産需要が生じるには，金利は r_2 でなければなりません。したがって，新しい LM 曲線は B 点（Y_1，r_2）を通るはずです。この r_2 が r_1 よりも低いことは図からもよくわかります。つまり，新しい LM 曲線は，古い LM 曲線の右下方に位置することになります。

　以上の議論から，貨幣供給が増えると，LM 曲線は右側にシフトすることが確認できました。

5.4 　流動性の罠

　金融政策によって LM 曲線がシフトすることはわかりました。重要なのは，貨幣の資産需要の金利弾力性が違うと，同額の貨幣供給量の増加に対して LM 曲線のシフトの大きさが異なる点です。

　貨幣供給が M_1 から M_2 に増えた時に，その増加分を吸収するように貨幣の資産需要が増えなければなりません。もし，ほんのわずかの金利の低下で資産需要が大きく増えるならば，新しい LM 曲線はごくわずかだけ右側にシフトするだけにすぎません。

　要するに，貨幣需要の金利弾力性が非常に大きい時には，貨幣供給量を増やしてもほとんど LM 曲線はシフトしないことになります。こうしたケースを**流動性の罠**と呼んでいます。流動性の罠が発生するのは，金利が十分低くなりすぎて，貨幣を手元に置いておくことのコストがほとんどなくなってしまうためです。

　また，流動性の罠は，債券保有のリスクに注目しても説明できます。金利はどんなに低くても 0 ％ですから，金利が十分低くなっていると，金利がいずれは上昇すると予想するのが普通です。金利が上昇すると，手元の債券の価値は下がります（厳密な話は少し難しいのですが，新しい債券を買えば 10％の金利が得られる時に，たった 1 ％の金利しか付かない古い債券は人気

図表 9－14 ▶ ▶ ▶ 金利弾力性による LM 曲線のシフトの相違

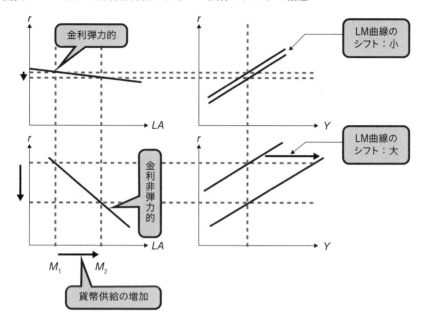

がなくなるということです。人気がなくなれば価値が下がるわけです）。

　つまり，金利が低くなると，（金利が反転する可能性が高まるので）債券を持つことのリスクが大きくなってきます。そのため，ある一定の金利以下になると誰も債券を持ちたいと思わないようになり，金利はそれ以上，下がらなくなるのです。こうなると，貨幣需要の金利弾力性は無限大となってしまいます。

　貨幣需要の金利弾力性と，LM 曲線のシフトの大きさについては，**図表9―14**を使って，もう一度説明しておきましょう。貨幣供給が増えた時のLM 曲線のシフトの大きさを考えるには，Y を固定して考えると便利です。Y を固定すると取引需要の大きさも一定になりますので，貨幣供給の増加分は資産需要の増加によって吸収されなければなりません。

　貨幣の資産需要が金利弾力的である場合（図の上の部分）には，非常にわずかの金利低下によって貨幣需要が増加します。つまり，貨幣供給の増加に対して，金利のごくわずかの低下で均衡を回復できます。他方，金利非弾力

的な場合には，図からもわかりますように，同じ貨幣需要の増加を生み出す
のに金利は大きく下がらなければなりません。したがって，LM曲線のシフ
トも大幅なものになります。

6 / IS−LMモデルの完成

　以上で分析の道具立てはほぼ完了しました。これまでに描いたIS曲線と
LM曲線を1枚のグラフに重ねて描いてみましょう。これが**図表9−15**です。
　繰り返しになりますが，IS曲線は財市場の均衡を示しており，LM曲線は
貨幣市場（金融市場）での均衡を示しています。**IS−LMモデル**では，現実
の経済は，財市場も貨幣市場も均衡していると考えています。言い換えれば，
財市場も貨幣市場も均衡するように，金利や所得が調整されていると考える
わけです。
　図表9−15では，2つの市場が同時に均衡しているのは，IS曲線とLM
曲線の交点だけになります。それ以外の点では，財市場か貨幣市場のいずれ
かあるいはその両方が均衡していないのです。そこで，IS曲線とLM曲線
の交点で示される所得と金利をそれぞれ，**均衡所得**と**均衡金利**と呼びます。

図表9−15▶▶▶ IS−LMモデル

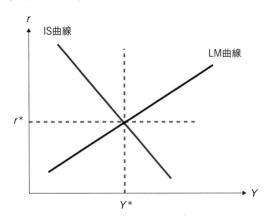

IS−LM モデルでは，経済政策によってこの均衡所得と均衡金利がどのように変化するかを分析します。

Discussion　　　　　　　　　　　　　　　　　　　議 論 し よ う

　1990年終わりごろから，日本の金利はほとんどゼロになっています。金利がゼロよりも下がらないことを前提にすると，「流動性の罠」の状況となって，貨幣供給をいくら増やしても経済を刺激することは難しくなります。つまり，「流動性の罠」に直面しながら，なお金融政策で何ができるかを模索しなければならない状況となっています。「流動性の罠」の状況でどのような金融政策が可能かを議論してみましょう。

Training　　　　　　　　　　　　　　　　　　　解 い て み よ う

　次の文章は正しいかどうか考えてみましょう。

⑴ IS 曲線は，財市場の均衡を示している。

⑵ 限界消費性向の大きさは，LM 曲線の形状に影響する。

⑶ 財政支出を増大させたら，IS 曲線は右側にシフトする。

⑷ 貨幣供給を拡大したら，LM 曲線は左側にシフトする。

IS−LMモデルを使った分析

1　労働市場の不均衡

前章では，IS−LM モデルについて説明し，IS 曲線と LM 曲線の交点が均衡であると述べました。この均衡の意味を注意深く解釈しておく必要があります。均衡とは需要と供給がバランスしている状態でしたが，IS 曲線と LM 曲線の交点では，財市場と貨幣市場が均衡しているだけで，重要な市場である**労働市場の均衡**が保証されていないのです。

つまり，IS 曲線と LM 曲線の交点では大量の失業者が発生している可能性があるのです。もし，賃金が伸縮的に動くならば，失業者の発生は賃金の低下によって解消されていくと予想されますが，私たちの社会では賃金がそれほど伸縮的でない（**図表2−4**でみたように，不況でも賃金はそれほど下がっていません）以上，そうした調整は少なくとも即座に実現しそうにありません。

図表10－1 ▶▶▶有効需要の不足

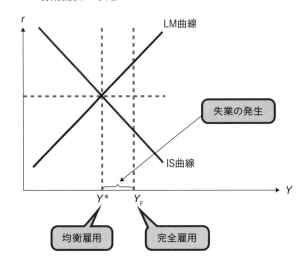

　言い換えると，前章で紹介した IS‐LM モデルでは，失業者が大量に存在してもそれを解消するメカニズムを含んでいません。そして，IS‐LM モデルでは，そうした状況が現代社会を記述する上で本質的な部分であると考えるのです。もしその考えが正しいとしますと，現代社会は大量の失業に苦しむ可能性があります。

　価格調整が行われないことを前提にすると，失業の解消は需要を高めることしかありません。人々に欲望があるという意味では需要は存在しているのですが，現実に購買につながらないという意味で，不況では「有効」需要が不足しているといいます。したがって，**有効需要**が不足して，失業に苦しんでいる時に，需要を作り出すのが政策的な課題になるのは当然でしょう。それが**マクロ経済政策**なのです（**図表10―1**）。

2 ／ 財政・金融政策の効果

マクロ経済政策の効果を分析してみましょう。すでに説明してある部分が

多いので，それほど難しいことはないでしょう。

2.1 財政政策の効果

　まず，**財政政策**です。財政政策とは政府支出を増減させる政策です（もちろん，増税や減税といった政策もあります）。これが，IS曲線をシフトさせることはすでに理解しているはずです。政府支出が増大した場合には，IS曲線は右上方へシフトします。すると，新しい均衡での所得と金利はどうなるでしょうか。ここでも，図を使って考えてみましょう。**図表10—2**を見てください。IS・LM曲線は先に示した**図表9—15**と同じものです。

図表10－2 ▶▶▶財政政策の効果

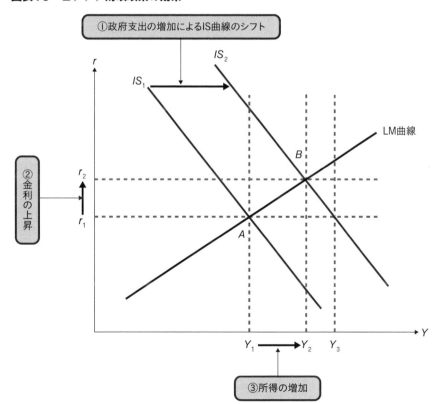

IS 曲線は政府支出の増加によって右上方にシフト（$IS_1 \rightarrow IS_2$）します。その結果，新しい IS 曲線（IS_2）と（財政政策の影響を受けない）LM 曲線の交点は，B 点（Y_2, r_2）になります。すなわち，もともとの均衡点 A（Y_1, r_1）と比べると，所得は拡大し，金利は上昇しています。

こうした政府支出の拡大を，Y_1 において大量に失業が発生している場合に実施しますと，失業を解消することができます。適切に支出の規模を決めますと，**完全雇用**の状態に持っていくことも可能です。

2.2 金融政策の効果

次に，**金融政策**の効果を見ます。マクロ経済学的に見れば，金融政策は貨幣供給を増減する政策です。たとえば，**公開市場操作**（買いオペ）によって貨幣供給を増加すれば，LM 曲線は右側にシフトします。この結果，均衡所

図表10−3 ▶ ▶ ▶金融政策の効果

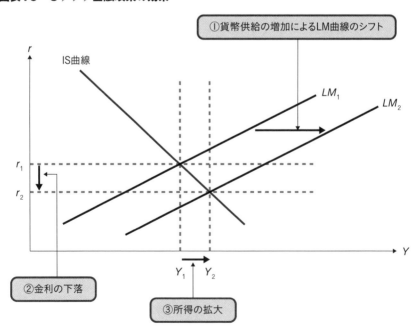

得は増加し，金利は低下します。図を使えば，このことはすぐにわかるでしょう。**図表10—3**に示しています。

　つまり，金融政策によっても，過少雇用均衡 Y_1 から完全雇用 Y_2 の水準に所得を拡大することができます。財政政策と金融政策は所得に対しては同じ効果を持ちますが，金利に対しての効果は正反対になります。財政政策では金利は上昇しますが，金融政策では金利が低下するのです。この違いは，次のように理解しておくといいでしょう。金融政策の需要拡大効果は金利の低下による投資拡大効果に基づくものです。それに対して，財政政策は政府支出そのものが需要を拡大しているわけですから，金利が下がらなくても需要は拡大します。

---

3 / 経済構造と経済政策の効果

3.1 / 財政政策の効果が小さくなるケース

　財政政策が金利上昇をもたらすということは，財政政策が民間企業の投資に対して抑圧的な効果を持っていることを意味します。つまり，金利が上昇したために，一部の民間投資は取りやめられているはずです。財政政策に起因する金利上昇が民間投資を阻害する現象を，財政支出が民間投資を押しのけているという意味で，**クラウディング・アウト**と呼びます。

　「第７章　総需要の経済学」の議論と，本章のIS－LMモデルとの違いを説明しておくと，ここでの議論がよりよく理解できるでしょう。結論からいいますと，第７章では金利の変化を無視したために，財政政策の効果が過大に評価されていました。

　先に掲げた**図表10—2**を使って説明しましょう。もし金利が変化しなかったら（つまり，r_1 のままであるなら），財政政策の効果は Y_2 ではなく Y_3 まで膨らんだことになります。しかし，実際には金利が r_2 に上昇したために，民間投資が一部抑圧されて，所得の増加は Y_2 までにとどまったのです。

図表10－4 ▶ ▶ ▶ **LM 曲線の傾きと財政政策の効果**

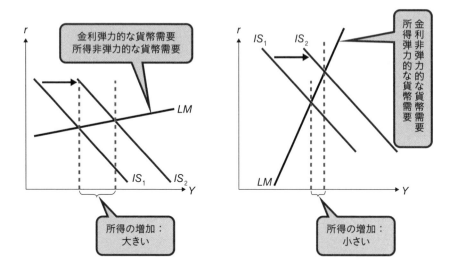

　そうしますと，LM 曲線の傾きが財政政策の効果に影響することが予想さ
れます。**図表10—4**に示したように，LM 曲線の傾きが急になれば，同じ
規模の財政政策が，所得に与える効果は小さくなります。ちなみに，LM 曲
線の傾きが急になるのは，貨幣需要の所得弾力性が大きいか，貨幣需要の金
利弾力性が小さい場合でした（「第9章第5節　LM 曲線の性質」を思い出
してください）。

　また，IS 曲線が水平に近い場合も，金利上昇の影響を投資が受けやすく
なりますので，クラウディング・アウトは顕著になります。**図表10—5**を
見てください。同じだけの財政支出があったとします（このことは，金利に
変化がなかった時に，同じ Y_3 の所得が実現することでわかります）。IS 曲
線の傾きが緩やかな場合（つまり，投資が金利弾力的な場合），実際の所得
の増加は Y_2 にとどまります。つまり，投資の金利弾力性が高いほど，財政
政策の効果は小さくなります。これは，財政政策による金利上昇効果が民間
投資を阻害する度合いが大きくなるからです。

図表10−5 ▶▶▶投資の金利弾力性と財政政策の効果

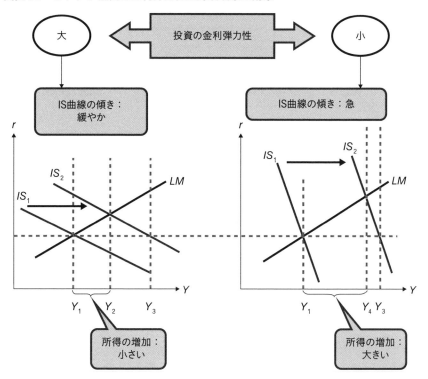

3.2 金融政策の効果が小さくなるケース

3.2.1 貨幣需要の金利弾力性が大きい時

　中央銀行が貨幣供給を増加させたとしても，LM 曲線がほとんど動かなければ，金融政策が所得に与える影響はないということになります。貨幣供給を増やしても LM 曲線が変化しないのは，「第8章　金融市場の分析」で説明したように，**貨幣の資産需要**が金利弾力的な場合です。

　復習になりますが，こういうことでした。貨幣供給が増えると，貨幣市場の均衡を保つには（所得を一定として考えれば）貨幣の資産需要が増えなければなりません。貨幣の資産需要が金利弾力的な場合には，ちょっと金利が

下がるだけで，大きな貨幣需要が新たに生まれて，貨幣供給の増加分を吸収できることになります。

極端なケースでは，金利がほとんど下がらないにもかかわらず，貨幣供給の増加分がすべて需要されてしまう場合があります。金利弾力性を使って表現すると，弾力性が無限大の場合です。こうした状態が「**流動性の罠**」でした。

したがって，「貨幣需要が金利弾力的な場合には金融政策の効果は小さい」ということになります。「流動性の罠」が発生している場合には，金融政策の効果はゼロとなってしまいます。

3.2.2 投資の金利弾力性が小さい時

貨幣供給の変化によって LM 曲線がシフトしたとしましょう。それにもかかわらず，所得がほとんど変化しない場合があります。それは，**投資の金利弾力性**が小さく，投資が金利にほとんど反応しない時です。これは直感的にもわかりやすいと思います。（景気刺激の）金融政策は貨幣供給の増加によって金利を下げる政策です。金利が下がっても投資が増えなければ，効果がないのは明らかでしょう。

投資が金利に反応しない状態を IS 曲線で表現すると，垂直な IS 曲線になります。復習になりますが，次のようなメカニズムでした。所得が増えると貯蓄が増加します。財市場での需給が均衡するためには，貯蓄の増加に対応して投資が増える必要がありました。投資が増えるのにどの程度金利が下がる必要があるかですが，投資が金利非弾力的でしたら，少し金利が下がるだけでは投資は十分に増えません。したがって，投資が金利非弾力的な場合には，同じ所得の増加に対して，より大きく金利が低下しなければ，財市場での需給均衡が回復できません。つまり，投資が金利非弾力的な場合には，IS 曲線の傾きは急になります。対照的に，投資が金利弾力的な場合の IS 曲線の傾きは穏やかになります。

さて，**図表10—6**には 2 本の IS 曲線を描いています。もともとの経済の所得水準が Y_1 であったとします。金融政策によって，LM 曲線が LM_1 から

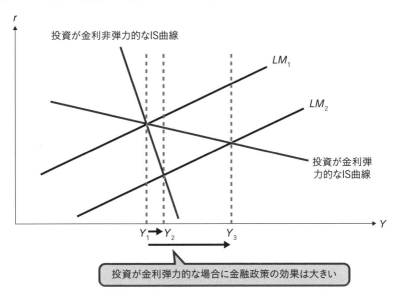

図表10－6 ▶▶▶投資の金利弾力性と金融政策の効果

投資が金利弾力的な場合に金融政策の効果は大きい

LM_2へシフトしたとします。投資が金利非弾力的な場合の IS 曲線では，Y_2 までしか所得は増加しません。他方，「弾力的」な場合の IS 曲線ならば，Y_3 まで所得が拡大します。つまり，IS 曲線の形状によって金融政策の効果は Y_3 と Y_2 という違う値になりました。図からわかるように，IS 曲線が水平に近くなるほど，同じ規模の金融政策がより大きな効果を所得に与えることがわかります。逆に，IS 曲線が垂直に近いと金融政策の効果は小さくなります。

このように，金融政策という貨幣市場で行われる政策の効果が，財市場の構造によって左右されるという興味深い事実が理解できたと思います。

4 / 数式を使った整理

これまで図を使って，投資の金利弾力性や貨幣需要の金利弾力性が経済政策の効果に大きな影響を与えることを説明してきました。このあたりのこと

を簡単な数式を使って，もう一度整理しておきましょう。

IS 曲線の数式表現

財市場の需給均衡の条件は，$I = S$ でした。投資は金利の（減少）関数，貯蓄は所得の（増加）関数です。したがって，政府投資支出 GI を明示的に組み入れて，IS 曲線は次のように書けます。

$$n_0 - n_1 r + GI = s_0 + s_1 Y$$

ここで，n_1 が投資の金利弾力性，s_1 が貯蓄性向です。IS 曲線は，この式を r イコールの式に変形したものです。計算すると，次のようになります。

$$r = \left(\frac{GI + n_0 - s_0}{n_1} \right) - \left(\frac{s_1}{n_1} \right) Y \qquad (10-1)$$

IS 曲線の傾きは Y の係数です。マイナスがかかっていることからわかるように，IS 曲線は右下がりになっています。IS 曲線の傾きの大きさは，n_1 と s_1 によって決まってきます。金融政策が効果的であるには，IS 曲線の傾きが緩やかな方が良かった（**図表10—6**）のですが，この式からわかるように，s_1 が小さいか，n_1 が大きければそういう条件が満たされます。s_1（貯蓄性向）が小さいのは，人々がより消費愛好的な経済です。金融政策によって金利が下がって投資が増えると，人々の所得が増えます。消費愛好的な経済では受け取った所得をどんどん消費に使いますので，消費せずにため込む貯蓄愛好的な経済と違って景気拡大が力強くなるのです。

n_1（投資の金利弾力性）が大きいということは，金利を少し下げるだけで，企業が投資を拡大するような状況です。金利を下げる金融政策が効果的になるのは当然でしょう。

財政政策は GI で表されています。GI の係数がプラスであることから財政政策が IS 曲線の切片を上方に引き上げることがわかります。その大きさは，n_1（投資の金利弾力性）に依存します。n_1 が大きいほど財政政策のシフトは小さくなります。これは，n_1 が大きいと，財政支出の増大による金利上

昇が民間投資をひどく抑制（クラウディング・アウト）してしまうからです。

4.2 LM 曲線の数式表現

次に，LM 曲線を考えましょう。貨幣市場での需要と供給の一致を式に表しますと，次のように書けます。

$$M = LT + LA = m_0 + m_1 Y - m_2 r$$

M は貨幣供給，LT は取引需要，LA は資産需要でした。それぞれ，所得 Y と金利 r の関数です。m_1 が貨幣需要の所得弾力性，m_2 が貨幣需要の金利弾力性を示します。たとえば，$M = 50 + 0.6Y - 0.5r$ といったものです。LM 曲線は，この需給均衡式を r イコールの式に変形すれば求めることができます。実際，計算してみますと，次のようになります。

$$r = \left(\frac{m_0 - M}{m_2}\right) + \left(\frac{m_1}{m_2}\right) Y = \left(\frac{m_0}{m_2}\right) - \left(\frac{1}{m_2}\right) M + \left(\frac{m_1}{m_2}\right) Y \quad (10-2)$$

もちろん，Y の係数（m_1/m_2）が LM 曲線の傾きです。貨幣需要が金利弾力的であればあるほど m_2 は大きく，流動性の罠のケースでは無限大になります。数学的な約束なのですが，きわめて大きな値が分母にあるとその分数はゼロになります（分子の m_1 はどんなに大きくても 1 でしょうから，1/10は0.1ですが，1/1,000,000はほとんどゼロです）。すると，流動性の罠が発生していると，LM 曲線の傾きはほぼゼロになるわけです。貨幣需要の金利弾力性が大きいほど，LM 曲線の傾きが緩くなることが確認できました。

金融政策は M を変化させる政策でした。M は切片に含まれています。M の係数の符号はマイナスですから，貨幣供給を増やす金融政策は LM 曲線の切片を下の方に移動させます。つまり，拡張的な金融政策が LM 曲線を右下方にシフトさせることを数式的に確認できました。

しかし，M の係数（$1/m_2$）の分母は m_2 ですから，貨幣需要が金利弾力的であればあるほど（つまり，m_2 の大きさが大きければ大きいほど），金融

政策の効果は小さくなることがわかります。流動性の罠のケースでは，Mの係数はゼロになり，金融政策によってLM曲線をシフトさせることができなくなることも確認できます。

4.3 均衡所得の導出

さて，IS－LM分析では，財市場と貨幣市場の均衡が同時に成立する所得と金利の水準が経済の現実であると考えました。上の数式でいえば，数式10－1と数式10－2の2つの式を連立方程式にして，Yとrについて解けばいいのです。多少計算をしなければなりませんが，最終的には次のような答えを得ることができます。

$$Y = \left(\frac{n_1}{n_1 m_1 + s_1 m_2}\right)M + \left(\frac{m_2}{n_1 m_1 + s_1 m_2}\right)GI + \left(\frac{-m_0 n_1 + m_2(n_0 - s_0)}{n_1 m_1 + s_1 m_2}\right)$$

$$r = \left(\frac{-s_1}{n_1 m_1 + s_1 m_2}\right)M + \left(\frac{m_1}{n_1 m_1 + s_1 m_2}\right)GI + \left(\frac{m_0 s_1 + m_1(n_0 - s_0)}{n_1 m_1 + s_1 m_2}\right)$$

少し複雑な形になっていますが，政策効果について考える上では，MとGIの係数のみが重要です。Yの式において，これらの係数が正であることから，金融政策も財政政策も所得に対してはプラスの影響を持っていることが確認できます。また，金利については，Mの係数はマイナスですから，拡張的な金融政策が金利を低下させることがわかります。対照的に，GIの係数はプラスですから，財政政策は金利を引き上げます。

もし，貯蓄関数，投資関数，貨幣需要関数の係数の値が正しくわかっていれば，上記の式から，経済政策の効果の大きさを予測することができます。なお，実際のデータに基づいた分析の一例を第13章で示します。

4.4 経済政策の効果のまとめ

これまでの説明で，金融政策や財政政策の効果が，貨幣需要や投資の金利弾力性によって相違することがわかりました。それを**図表10—7**に整理し

経済の構造		財政政策の効果	金融政策の効果
貨幣需要の金利弾力性（m_2）	大	大	小
	小	小	大
貨幣需要の所得弾力性（m_1）	大	小	小
	小	大	大
投資の金利弾力性（n_1）	大	小	大
	小	大	小
貯蓄性向（s_1）	大	小	小
	小	大	大

ておきます。

　ただし，こうした効果の大小の組み合わせを丸暗記する必要はありません。経済構造によって金融・財政政策の効果が異なるということが一番大切なポイントです。その上で，効果がどうだったかをグラフや数式を使って導き出し，その論理を的確に説明できればいいのです。

4.5　関数例に基づく均衡所得・金利の導出

　ここでは，次のような貯蓄関数，投資関数，貨幣需要関数を使って，均衡所得と均衡金利の具体的な導出方法や，完全雇用を実現するための金融財政政策の大きさの求め方などを説明しておきましょう。

$$貯蓄関数　　　: S = -10 + 0.5Y$$
$$投資関数　　　: I = 120 - 5r$$
$$貨幣需要関数: L = -100 + Y - 2r$$

　また，貨幣供給Mは100兆円であるとします。

　これらの条件から均衡所得と均衡金利を求めるために，最初に，貯蓄と投資が等しいという財市場の均衡条件を使います。

$$S = -10 + 0.5Y = 120 - 5r = I$$

この式を変形して，次の IS 曲線が求まります。

$$r = -0.1Y + 26 \quad \cdots\cdots\cdots\cdots\cdots\cdots \text{IS 曲線①}$$

次に，貨幣市場の均衡条件は次のようになります。

$$100 = -100 + Y - 2r$$

r を左辺に移動させて，LM 曲線は次のように書くことができます。

$$r = 0.5Y - 100 \quad \cdots\cdots\cdots\cdots\cdots\cdots \text{LM 曲線①}$$

この 2 本の式を連立方程式として解くと，均衡所得と均衡金利が求まります。計算してみると，$Y = 210$，$r = 5$ ％です。念のために，IS，LM 曲線に代入してみると，この値が正しいことが確認できます。

次に，この均衡所得では失業が発生しており，完全雇用所得は220兆円だとしましょう。そこで，完全雇用を実現するために必要な財政支出の規模を計算してみます。

必要な財政支出（たとえば，道路建設などの投資支出）の額を X 兆円とすると，その財政支出を含んだ財市場の均衡条件は次のようになります。

$$S = -10 + 0.5Y = 120 - 5r + X = I + G$$

波線の部分が先ほどと異なるだけです。したがって，新しい IS 曲線は次のようになります。

$$r = -0.1Y + 26 + 0.2X \quad \cdots\cdots\cdots\cdots \text{IS 曲線②}$$

LM 曲線は先ほどと同じです。ここで，まず，$Y = 220$ 兆円を LM 曲線① に代入してみます。すると，$r = 0.5 \times 220 - 100 = 10$ ％となります。そして，$Y = 220$ と $r = 10$ を IS 曲線②に代入します。

$$(10 =)\ r = -0.1 \times 220 + 26 + 0.2X = 4 + 0.2X$$

　この式が成り立つ X の値を計算してみると，$X = 30$ 兆円です。つまり，完全雇用を実現するには，財政支出を30兆円にすればよいということになります。ついでながら，ここでの数値例では，政府支出が30兆円も増えているのに所得はわずか10兆円しか増えていません。それは，金利の上昇が民間投資を大幅に減らしているからです。

　今度は，金融政策の効果を考えてみましょう。今，貨幣供給が100兆円から112兆円まで12兆円増えたとしましょう。その時の均衡所得と均衡金利を求めてみます。

　貨幣供給が増加したので，LM 曲線が右方向にシフトします。新しい貨幣市場の均衡条件は次のとおりです。

$$112 = -100 + Y - 2r$$

したがって，新しい LM 曲線は次のようになります。

$$r = 0.5Y - 106 \quad \cdots\cdots\cdots\cdots\cdots\cdots\cdots \text{LM 曲線②}$$

　貨幣供給量の変化は IS 曲線に影響しませんので，IS 曲線は先に求めた IS 曲線①のままです。この 2 つの式を連立方程式として計算しますと，$r = 4$ ％，$Y = 220$ 兆円になります。つまり，貨幣供給を12兆円増やしたことで，均衡所得は10兆円増加し，完全雇用が実現する一方，金利は 5 ％から 4 ％に低下しました。拡張的な金融政策により，金利が下落し，所得が拡大していることが確認できました。

IS－LM モデルによると，拡張的な財政政策を行うと金利が上昇するはずです。実際の経済データを調べてみましょう。

現実の重要な経済現象のうち，IS－LM モデルで十分に分析できないことがたくさんあります。そのために，多くの研究者が IS－LM モデルを様々に発展させてきました。どのような問題を分析できることが望ましいのかを議論してみましょう。

本章の第4節では，貯蓄性向の大小によっても金融政策や財政政策の効果の現れ方に差異が出ることを数式によって説明しました。貯蓄性向の違いが同じ額の財政支出による IS 曲線のシフトの大きさに影響することに注意して，金融政策や財政政策の効果の大小を確認してみましょう。

11 物価の分析

Learning Points

▶ 貨幣数量説に基づいて物価と貨幣供給の関係を理解しましょう。

▶ IS−LM モデルを使って総需要曲線を導出できるようになりましょう。

▶ 財政・金融政策によって総需要曲線がどのようにシフトするかを理解しましょう。

▶ 古典派モデルと IS−LM モデルで想定する総供給曲線の違いを説明できるようになりましょう。

▶ 総需要曲線と総供給曲線を使って，財政・金融政策が所得や物価に与える影響について分析できるようになりましょう。

Key Words

短期・長期モデル　貨幣数量説　総需要曲線　総供給曲線　サプライショック

1 IS−LM モデルの限界

　前章までで説明してきた IS−LM モデルは簡単な構造でありながら，政策的にも大変有用であると考えられます。現実の経済政策の立案においても，この IS−LM モデルが骨格として使われている場合が多いのです。

　しかし，ここまで説明してきた IS−LM モデルによって，重要なマクロ経済問題をすべて分析できるかといえば，残念ながら「ノー」といわざるを得ません。たとえば，国際化が進んでいる現実の経済を考えるには，対外取引（貿易や資本取引）を無視することはできません。しかし，これは次章で説明しますので，しばらく鎖国経済のままで議論を進めます。

　第 2 の問題点は，物価の問題です。何度も強調しましたが，IS−LM モデルは，物価が変動しないという仮定の下で構築されていました。たしかに，

アルバイトの時給や，缶ジュースの値段，鉄道の運賃などが毎日変わるというようなことはありません。したがって，物価が変動しない期間があることは確かですが，しかし同時に，いつまでも同じということもありません。価格の変化は，すぐには起こりませんが，時間をかけて徐々に進んでいくというのが現実的でしょう。

また，第1章で紹介したアンケート調査によると，国民は物価の安定を希望しています。物価問題を分析できる経済モデルが，経済理論の立場からもまた政策実践の立場からも必要になります。

2 　長期モデル
物価が伸縮的なモデル

まず，IS-LMモデルと対極にある，価格が完全に伸縮的な場合を考えてみることにしましょう。実は，ケインズが登場するまでの主流派経済学（**古典派経済学**）では，むしろこうした場合を普通のことと考えていました。

マクロ経済学の世界では，物価が変化して需給が均衡するのに必要な時間的な長さを「**長期**」と呼び，物価が変化しない期間を「**短期**」と呼んでいます。したがって，これまで説明してきたIS-LMモデルは，短期モデルで，これから説明する古典派モデルは長期モデルです（短期と長期は必ずしも1年とか5年とかいった実際の期間を示していません。物価が硬直的な国の「短期」は，物価が伸縮的な国の「長期」よりも，実際にはずっと長いかもしれません）。

注意しておいていただきたいのは，短期モデルと長期モデルに優劣があるわけではないという点です。特に経済政策を議論する時には，どういった視野で問題をとらえるかによって使うべきモデルが変わってくると考えるべきです。たとえていいますと，ネジ回しには，マイナス・ドライバーとプラス・ドライバーとがありますが，どちらもそれぞれのネジにあわせて利用してこそ賢明なのです。

162

2.1 ▸ 財市場と労働市場の均衡

まず，財市場ですが，需要と供給は価格の変動によって調整されるので，需要と供給は常に等しくなります。古典派経済学の考え方を明確に示すものとして，「供給は自らの需要を作り出す」という有名な**セイの法則**が知られています。日常用語でいえば，作ったモノは必ず売れるということになります。われわれの常識では受け入れがたいかもしれませんが，売れなかったら価格がどんどんと下がっていくことを前提にすれば，売れるまで価格が下がるわけですから，この法則が成り立つのです。

IS-LMモデルでは，不均衡が常態とされた**労働市場**も，古典派経済学では，賃金が変動することによって調整されると考えます。失業が多ければ，賃金が下がって新規雇用が生まれるというわけです。逆に，完全雇用を超えて雇おうとすると，労働者の奪い合いになって賃金が上がりますので，企業は雇用をあきらめます。したがって，労働市場では常に完全雇用が成立します。

労働市場で完全雇用が成立しているということは，働いている人の数は（人口成長がないとして）同じままです。その結果，生産される財の量は常に経済全体の生産能力に等しくなります。財市場だけでなく，労働市場でも完全雇用が成立しているわけですから，経済政策の必要性は全くありません。つまり，価格が伸縮的ならば**マクロ経済政策**は必要ないということになります。

2.2 ▸ 貨幣数量説

貨幣市場での需給に関しては，**貨幣数量説**という有名な考え方があります。貨幣数量式とは，具体的には次のような方程式で表されます。

$$M \times V = P \times Q$$

ここで，Mは貨幣供給量，Vは流通速度，Pは物価水準，Qは生産高（たとえば，米100トン）です。Vは一定期間（たとえば，1年間）に貨幣が何

人の人々の間を流れていったかを示します。したがって，貨幣量と流通速度の積 $M \times V$ は一定期間に行われた経済取引の総額を表します。一方，右辺の $P \times Q$ は，単価×生産高ですから，売上総額になります。すべての経済取引が貨幣を媒介に行われたとすれば，両者は本来同じ物を別の視点（受け取り側と支払い側）から見ただけですから，等しくなるのは当たり前です。その意味で，この式は恒等式（定義によって常に等しくなる関係）であるともいえますから，その限りでは経済学的なおもしろさがあるわけではありません。

しかし，次の2つの仮定をおくことによって，貨幣数量式は経済学的に重要な意味を持つことになるのです。すなわち，①流通速度 V は社会制度（賃金の支払いが月給制か日給制かなど）を反映し，安定している（少なくとも変化の予測が可能である）。②実質生産高 Q そのものは，金融市場の状況とは関係なく財市場の需給関係で決定される（**古典派の2分法**）。

この2つの仮定を貨幣数量方程式と結びつけると，結局，貨幣数量方程式は，貨幣量と物価との関係を示していることになります。つまり，V と Q が一定であるとすると，貨幣量が2倍になれば物価も2倍になることを意味しているのです。したがって，金融政策が物価水準に影響を与えることは明らかです。

念のために付け加えますが，この古典派の考え方では，金融政策が生産高に影響を与える可能性は排除されています。こうした「貨幣は実体経済に影響を与えない」という「**貨幣ベール観**」は，IS-LM モデルでの貨幣観とは大きく異なります。

2.3 古典派モデルの政策インプリケーション

古典派経済学の主張で重要なのは，価格が伸縮的であれば，マクロ経済政策の役割はほとんどないという点です。容易に予想されると思いますが，財政政策の必要性がほとんどないわけですから，こうした立場に立つ人々は，「**小さな政府**」を主張します。

また，金融政策も雇用に影響を与えることはできません。貨幣数量式に示

されるように，金融政策の影響は物価に表れるだけです。逆にいえば，物価が不安定であるのは，金融政策がまずいからということになります。古典派経済学の流れを汲む**マネタリスト**は，景気を調整しようとして金融政策を実施している現代の中央銀行は，できもしないことを試みており，物価を不必要に変動させていると批判しています。

残念ながら，完全雇用がいつでも実現しているというのは，失業が大きな問題になっている私たちにとっては非現実的であると感じられます。したがって，長期的には古典派経済学の描く**価格調整メカニズム**が働くとしても，その効果が出てくるのをのんびりと待っていることができません。**ケインズ**の言葉を借りれば，「長期においては，みんな死んでしまう」からです。短期の経済問題には能動的な政策対応が必要であると考えられます。

3 / 総需要曲線

3.1 物価と所得の関係

物価が完全に伸縮的な古典派モデルも，完全に固定的な IS－LM モデルも極端であると思われます。現実はこの両極端の中間にあるとみるのが妥当でしょう。そうした中間的な状態を分析する道具を準備していきましょう。

そこで，物価水準を明示的にとらえる総需要曲線を導出してみます。**総需要曲線**とは，（財市場と貨幣市場を均衡させるような）物価と所得の関係を示す関数です。「総」がついているのは，普通の需要曲線がある特定の財について描かれているのと違い，経済全体としてとらえていることを意味しています。

3.2 物価を明示的に組み入れた IS－LM モデル

総需要曲線の導出には，IS－LM モデルが利用できます。なぜなら，IS－

LMモデルは，財市場と貨幣市場を均衡させるような所得（需要でもあります）を決定するモデルだったからです。ただし，総需要曲線を考えるには，これまでの議論を一部修正する必要があります。それは，LM曲線です。

これまで，貨幣需要の均衡を，$M=L\,(Y,\,r)$ と書いていました。これは物価が一定の時には問題ないのですが，物価が変動していますと，正しくありません。それは，貨幣需要は実質ターム（物価変動の影響を除去したもの）で測られるべきものだからです。

この点は少し難しいかもしれません。そこで，**貨幣数量式**を使って説明してみましょう。貨幣数量式を M イコールの式に書き換えると次のようになります。

$$M=P\times(1/V)\times Q$$

左辺のMは名目貨幣供給を示します。他方，右辺が名目貨幣需要です。名目貨幣需要は実質貨幣需要に価格水準をかけたものです。$(1/V)\times Q$ の部分が実質貨幣需要で，今までで言えば $L\,(Y,\,r)$ と書いていた部分です。実は，貨幣需要 $(1/V)\times Q$ は金額表示で測られているのではなく，実質ベース（あるいは数量ベース）で測られています。Q が（たとえば）米100トンであり，V が（たとえば）5回であるということから，$(1/V)\times Q$ の値は20トンであって，その単位は円ではないのです。左辺の M はもちろん円という金額です。財の数量を円に換算するのが，1トン1万円といった P の役割なのです。

すると，今までは P を考慮していませんでしたから，実質貨幣需要（財の数量）と名目貨幣供給（金額）が等しいという奇妙な関係を議論していたのかと心配になる読者もいるかもしれません。しかし，心配はご無用です。それは，今までの議論では物価を一定として，$P=1$ と仮定していたことになります。それで，P を明示的に取り扱わなくてもよかったのです。

しかし，物価が変動する場合を考察するには，P を明示的に取り上げなければなりません。そこで，物価変動を織り込んだ貨幣市場の均衡条件は，次のように書くのが学界では標準的になっています。

図表11－1 ▶▶▶物価水準とLM曲線のシフト

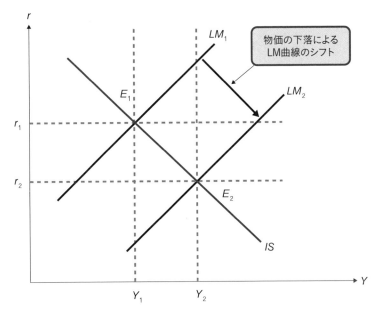

$$(M/P) = L(Y, r)$$

　これまでとどこが変わったかといいますと，左辺において，MをPで割っているところです。あるいは変形して，$M = P \times L(Y, r)$としてみれば，上の数量方程式と全く同じことです。少しわかりにくければ，「（名目）貨幣需要は，所得，金利以外に物価にも影響される」と理解しておいてください。

3.3　IS－LMモデルによる総需要曲線の導出

　物価水準が異なると，均衡所得はどうなるでしょうか。貨幣供給や政府支出の額が一定であるとして考えてみます。物価水準はLM曲線のみに影響します（IS曲線にはPは含まれていません）。高い物価は（名目貨幣供給が一定であると），実質貨幣供給が少ないことを意味します。

　図表11－1に示したように物価の下落はLM曲線の右側へのシフトで表すことができます。したがって，物価が下がると（財政・金融政策を一定と

図表11－2 ▶ ▶ ▶ 総需要曲線

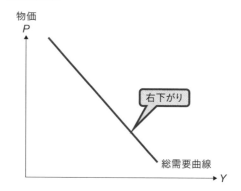

物価
P

右下がり

総需要曲線

Y

しておくと），均衡所得は大きく（$Y_1 \rightarrow Y_2$）なります。

　つまり，財市場と貨幣市場の均衡関係から，物価水準が低ければ，均衡所得は大きくなることがわかります。したがって，総需要曲線は**図表11—2**のように，右下がりの関係に描けます。理論的な裏付けは別ですが，普通の需要曲線との類似（価格が下がると需要は増大する）で記憶しておくとよいでしょう。

3.4 金融・財政政策の効果

　後の議論のために，金融・財政政策が総需要曲線に与える影響を見ておくことにしましょう。前章までの議論を思い出せば，簡単です。拡張的な金融・財政政策は，物価一定の IS－LM モデルにおいて均衡所得を増加させました。つまり，財政・金融政策の結果，同じ物価に対して，より高い所得が対応するようになります。これは，総需要曲線を右側にシフトさせることを意味しています。念のために，**図表11—3**に示してみました。

3.5 実質残高効果

　ちょっと本題から離れますが，物価が伸縮的に変動すれば，金融・財政政

図表11－3 ▶ ▶ ▶ 金融・財政政策と総需要曲線のシフト

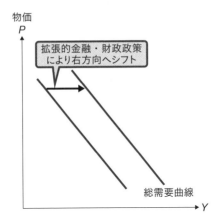

策が必要ないことを，**図表11－1**を使って説明しておきます。

　IS－LM モデルでは，IS 曲線と LM 曲線の交点である E_1 点が均衡だとしていました。完全雇用水準が Y_2 であるとすると，Y_1 においては失業が発生していますが，経済には Y_2 へと均衡を動かしていくメカニズムが備わっていない，というのが IS－LM モデルの考え方でした。そのため，Y_1 から Y_2 へ移るには財政・金融政策が必要であるということになりました。

　しかし，もし物価が変動するならば，LM 曲線が自然にシフトしていくことになります。というのは，Y_1 では失業者が発生し，モノが売れませんから，賃金や物価が下がります。物価が下がると，**実質貨幣残高**（$=M/P$）は増えますので，LM 曲線は（前章までで拡張的金融政策が行われたのと同じように）右側にシフトすることになります。この物価の下落は，失業がなくなるまで続くはずですから，LM 曲線が Y_2 で IS 曲線と交わるまで続くことになります。そしてここで物価の下落が止まります。

　この時，（経済政策の助けを借りないのに）完全雇用が達成されていることはいうまでもありません。こうした物価の下落による調整メカニズムを**実質残高効果**あるいは，**ピグー効果**と呼んでいます。

3.6 関数例に基づく総需要関数の導出

第10章4.5項で使った関数例を拡張して，総需要曲線を実際に求めてみましょう。これまでの説明からわかるように，総需要関数を求めるには，貨幣需要関数を修正して物価水準 (P) の影響を明示的に組み入れるようにします。

貯蓄関数 ： $S = -10 + 0.5Y$

投資関数 ： $I = 120 - 5r$

貨幣需要関数： $L / P = -100 + Y - 2r$

貨幣供給 ： $M = 100$

第10章4.5項で使った関数例と異なるのは，貨幣需要関数の波線部分だけです。これらの式を前提として，総需要曲線を求めてみましょう。

まず，IS 曲線は，第10章と同じで，

$$r = -0.1Y + 26 \cdots\cdots\cdots\cdots\cdots\cdots\cdots\cdots\cdots \text{IS 曲線}$$

となります。

LM 曲線は，P が加わっただけで，次のようになります。

$$r = 0.5Y - 50 - 50 / P \cdots\cdots\cdots\cdots\cdots\cdots \text{LM 曲線}$$

もちろん，$P = 1$ とすれば，第10章の LM 曲線①と同じになります。

この IS 曲線と LM 曲線から総需要曲線を求めます。総需要曲線は，物価水準と所得の関係ですから，IS 曲線の式 ($r = -0.1Y + 26$) を LM 曲線の r に代入して計算します。

その結果，少し複雑ですが，総需要曲線は次のような式になります。

$$P = \frac{50}{0.6Y - 76}$$

P が大きくなると，等号を維持するには右辺の値が大きくならなければならず，分母が小さくなる必要があります。分母が小さくなるには，Y が小さくなればよいです。つまり，上の式の等号が維持されるには，P が大きくな

ると Y が小さくなるはずです。

こうして，**図表11－2**のように，総需要関数が右下がりになることが確認できました。

4 総供給曲線

次に，総供給曲線を求めます。**総供給曲線**は，労働市場での所得と価格の関係を示したものです。先に説明した古典派経済学の立場でいえば，常に価格メカニズムが働いて，社会の生産能力がすべて使われています（完全雇用）。つまり，総供給曲線は，生産能力によって決まります。物価の影響はありませんから，垂直になるはずです。一方，IS－LMモデルでは，価格調整が行われず，数量調整が行われると想定しますので，総供給曲線は水平になります。現実的なのはその中間であろうと思われます（**図表11－4**）。

また，総供給曲線の傾きは経済環境に依存するとも考えられます。たとえ

図表11－4 ▶ ▶ ▶ **総供給曲線の形状**

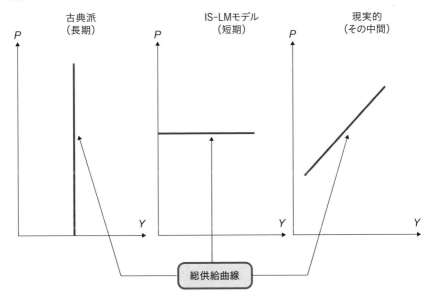

ば，好況で能力いっぱいで生産している状況では，総供給曲線は垂直になりますし，不況で失業者が大量に存在しているような状況では，総供給曲線は水平に近くなると考えられます。

なお，マクロ経済学の理論の世界では，この総供給曲線を厳密に導出するためにいろいろな理論的な発展があります。たとえば，実質賃金が上昇したと労働者が勘違いして労働供給を増やすという労働者錯誤モデルや，価格改定を瞬時に行わない方が合理的だとするメニュー・コスト・モデル等です。しかし，初学者の皆さんにとってはいたずらに複雑になるだけだと思います。厳密性には欠けるのですが，通常の供給曲線との類似（価格が上昇すれば供給は増加する）で，総供給曲線が右上がりだと覚えておくことにしましょう。

5 金融・財政政策の物価への影響

5.1 均衡物価水準と均衡所得

総需要曲線と総供給曲線を準備できましたから，後は1枚のグラフに重ねて描けば終わりです。**図表11—5**では，「**現実的な**」総供給曲線を描いています。経済の均衡は，総需要曲線と総供給曲線の交点です。したがって，Y^*とP^*が均衡値になります。

たとえば，物価が均衡水準よりも高いP_1であるとします。この時，供給側は自社の製品が高く売れるようになったと喜んで生産を増やします。しかし，需要はわずかしかないので，超過供給状態になってしまいます。モノが余りますから物価下落圧力がかかります。つまり，均衡価格よりも高い価格の領域では価格が低下します。同様に，均衡価格より低いところでは，物価上昇圧力が働きます。

図表11－5 ▶▶▶均衡物価水準と均衡所得

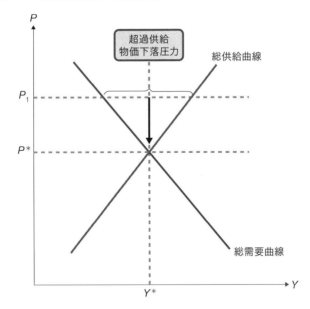

5.2　経済政策と総供給曲線の形状

　金融・財政政策の効果を検討してみます。金融・財政政策はISないしLM曲線に影響を与える政策で，拡張的な政策は総需要曲線を右側にシフトさせます。

　図表11―6Ⓐに示したように，**古典派**のケースでは，（総需要曲線がシフトしても）所得は Y_1 のままにとどまり，物価だけが変化します。財政政策によるシフトは完全な**クラウディング・アウト**を発生させます。また，「貨幣はベールで実体経済には影響を与えない」ので，金融政策の効果もありません。

　他方，**図表11―6Ⓑ**に示したように，物価が一定であるという**IS－LM モデル**では，「IS－LM モデルでの均衡」Y_3 にまで経済が拡張します。つまり，古典派モデルと好対照に，物価は変化せず，所得のみが増加します。

　図表11―6Ⓒに示した，総供給曲線が右上がりの現実的な場合には，Y_3（IS－LM モデルでの均衡）ほどは所得が拡張せず，Y_2 にとどまります。こ

図表11-6 ▶ ▶ ▶ 総供給曲線の形状と金融・財政政策の有効性

Ⓐ古典派のケース

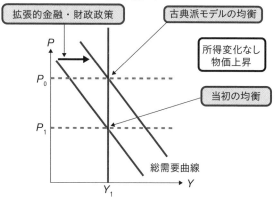

拡張的金融・財政政策

古典派モデルの均衡

所得変化なし
物価上昇

当初の均衡

総需要曲線

ⒷIS-LMモデルのケース

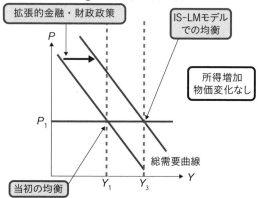

拡張的金融・財政政策

IS-LMモデル
での均衡

所得増加
物価変化なし

当初の均衡

総需要曲線

Ⓒ現実的なケース

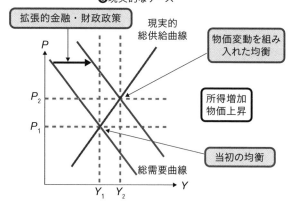

拡張的金融・財政政策

現実的
総供給曲線

物価変動を組み
入れた均衡

所得増加
物価上昇

当初の均衡

総需要曲線

れは，物価の上昇によって実質貨幣残高が減少して，LM曲線が左側へ（景気抑制方向に）シフトしているからです。

このように，物価の変動も考慮に入れると，単純なIS-LMモデルから得られるほどは，金融・財政政策の効果は大きくないということになります。また，時間が経過するにつれて総供給曲線の傾きが急になっていく（短期モデルから長期モデルへの移行）としますと，最初は，傾きゼロのIS-LMケースがあてはまり，Y_3の所得が得られますが，次第に政策の効果が弱まり，最終的には，古典派のケースとなり，Y_1に戻ってしまうというように，政策効果の長期的な変化を予想することもできます。言い換えると，ここでの議論は，金融・財政政策は短期においては非常に効果的ですが，時間がたつにつれて（価格メカニズムが作動するようになり）有効性が失われるということを意味します。

6 サプライ・ショック

最後に，総供給曲線のシフト（**サプライ・ショック**）の影響を考えてみます。IT革命のように，生産技術に革新が起こる（ポジティブ・ショック）と，総供給曲線は右方向にシフトします。逆に，石油危機のような原油価格の高騰や，戦争・自然災害による生産設備の破壊（ネガティブ・ショック）は，総供給曲線を左側にシフトさせます。

総需要曲線を一定とすると，**図表11―7**からわかるように，**ポジティブ・ショック**では，物価が下がって生産は増えます。逆に，ネガティブ・ショックの場合は，物価が上がるにもかかわらず，生産も減少し，不況とインフレーションが共存する**スタグフレーション**の状況になります。

ポジティブ・ショックの場合には，物価も下がり所得も増えますので，大変好ましい状態です。政府が産業・科学技術の発展に努力している理由もよくわかります。

他方，**ネガティブ・ショック**の場合は，失業対策の必要性が出てきます。

図表11－7 ▶▶▶**総供給曲線へのショック**

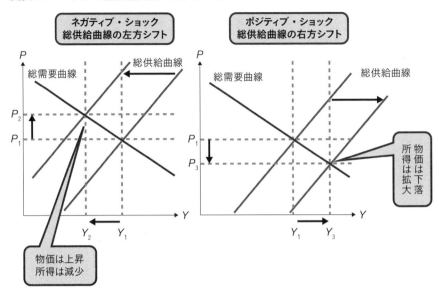

図表11―8を使って説明しましょう。ネガティブ・ショックによって，（図には元の総供給曲線を示してはいませんが）総供給曲線が左にシフトしたのに対応して，経済の均衡は (Y^*, P^*) から，(Y_1, P_1) に移動しました。失業が増え，物価が上昇したわけです。これに対して，所得を回復するために総需要曲線を右側にシフトさせた（拡張的金融財政政策：左の図）場合，物価がより一層高くなって $(P_1 \rightarrow P_3)$ しまいます。逆に，物価を安定させようとして景気引き締めを行って総需要曲線を左側にシフトさせる（右の図）と，不況をより深刻化させる $(Y_1 \rightarrow Y_2)$ ことになってしまいます。このように，ネガティブ・ショックが発生した場合の金融・財政政策は大変難しい**ジレンマ（二律背反）**に直面してしまいます。

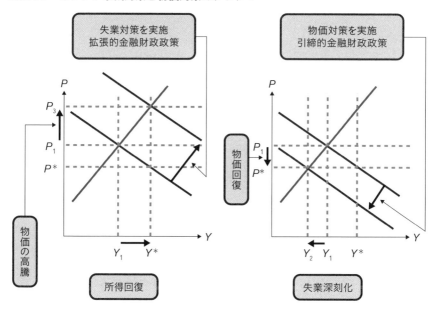

図表11−8 ▶▶▶景気対策と物価対策のジレンマ

失業対策を実施
拡張的金融財政政策

物価対策を実施
引締的金融財政政策

物価の高騰

物価回復

所得回復

失業深刻化

7 / コロナ禍の分析

　本章で説明した総需要−総供給曲線の枠組みを使って，ノーベル経済学賞を受賞したポール・クルーグマン教授が，コロナ禍に対する経済政策のあり方を論じています。ここでは，クルーグマン教授の2020年3月22日のツイッター − https://twitter.com/paulkrugman/status/1241690339724996608，およびニューヨークタイムズ紙への2020年8月6日の寄稿 "Coming Next: The Greater Recession" を参考にして，本章の枠組みに沿って説明してみます。

　クルーグマン教授は，コロナ禍のマクロ経済的な特徴を供給ショックと需要ショックが同時に起こっていることだとします。

　図表11−9を使いながら，説明します。コロナ禍では，感染症予防の観点で都市封鎖が行われ，多くの人が自宅待機を求められました。これは，同

図表11－9 ▶▶▶コロナ禍の総需要・総供給曲線のシフト

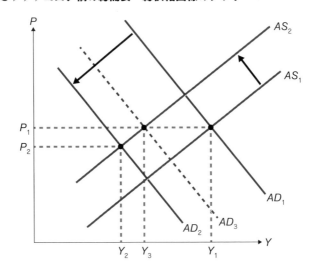

　じ物価水準に対して供給できるものが減ることを意味しますから，総供給曲線 AS_1 が左上方にシフトして AS_2 になります。第6節でみた総供給曲線へのネガティブショックです。

　一方で，コロナ禍で，消費者や企業は先行きを警戒して（同じ物価水準でも）消費や投資を減らしますので，総需要曲線 AD_1 は左下方にシフトして AD_2 になります。**図表11－9** では，総需要に与えるショックの方が大きかったと考えるクルーグマン教授にしたがって，AD のシフトの方が AS のシフトよりも大きく描いています。

　この図から，コロナ禍の経済的な帰結としては，所得の落ち込みと物価の下落（デフレ）が予想されます。実際，アメリカ経済をみると，GDP は大きく落ち込み（2020年4－6月期は前年同期比で－32.9%），インフレ率（CPI）は2020年1月の2.5%が5月には0.1%にまで低下しています。日本経済についても，実質 GDP 成長率は－28.8%（2020年4－6月期）と落ち込み，インフレ率は4月に－0.2%（季節調整済み）でした。総需要－総供給曲線の枠組みから予想される通りの状況が起こっています。

　一般的に，こうした状況においては，総需要曲線を右上にシフトさせるた

めに財政拡大や金融緩和を実施するべきだということになります。実際，日本政府を含めた各国政府は，そうした対応をとっています。しかし，クルーグマン教授は総需要をある程度拡大する政策は実施すべきだとしますが，コロナ禍においては感染拡大の防止という観点から，過度に需要を拡大することには否定的で，物価水準を維持する AD_3 を実現する拡張政策が限度だとします。

すると，図表でいえば Y_1 から Y_3 の失業が，「不可避的な失業の増加」として残ります。これはちょうど大規模自然災害によって工場施設などが破壊されて供給力がなくなってしまったのと似た状態なのです。

もちろん，この「不可避的な失業の増加」を放っておいてよいというわけではありません。クルーグマン教授は，総需要の増加によってではなく，失業手当の拡大や疾病休業補償などによって対応すべきだとしています。そうした政策がとられないと，困難な状況におかれた失業者や低所得者が消費を一層減らすので，総需要曲線がさらに左下にシフトしてしまい，不況が一層深刻化すると警鐘を鳴らしています。

このように，コロナ禍に対しての政策を考える上でも本章で説明した枠組みは有用です。その上で，総需要－総供給の枠組みだけでは判断できない要素があることに注意を払うべきでしょう。

Training
解 い て み よ う

次の文章は正しいかどうか考えてみましょう。

(1) 総需要曲線を求めるには，IS 曲線と LM 曲線を使いますが，物価が変動するとシフトするのは LM 曲線である。

(2) 拡張的な財政政策は，総需要曲線を左側にシフトさせる。

(3) 総供給曲線は，短期のモデルでは水平となる。

(4) 古典派のケースを考えると，拡張的な金融財政政策は所得に大きな影響を与える。

(5) 総需要曲線と総供給曲線を念頭に置くと，所得が減って物価が上がる状況は，総供給曲線の左方シフト（ネガティブ・ショック）が原因であると考えられる。

Learning Points

▶IS−LM モデルに貿易を取り入れたマンデル＝フレミング・モデル（国際版 IS−LM モデル）について理解しましょう。

▶国際版 IS−LM モデルを使って，変動相場制度の下で財政政策が所得を増や す効果がないことを説明できるようになりましょう。

▶国際版 IS−LM モデルを使って，変動相場制度の下で金融政策が所得を増や すロジックを説明できるようになりましょう。

Key Words

為替相場制度 変動相場制度 輸出入 国際資本移動 マンデル＝フレミング・モデル

1 マンデル＝フレミング・モデル

これまでは鎖国経済を勉強してきました。現実の日本経済を分析するには， 対外取引面を無視しては十分ではありません。こうした分野を研究するのは， 国際経済学や国際金融論といわれる学問領域です。本格的な議論はそういっ た科目で勉強していただく必要がありますが，ここでは，IS−LM モデルに 対外面を取り入れた基本的な国際版 IS−LM モデルを説明します。このモデ ルは，開発者の名前をとって，**マンデル＝フレミング・モデル**と呼ばれてい ます。

国際版 IS−LM モデルの基本構造は国内版 IS−LM モデルと同じです。 つまり，経済を財市場，金融市場および労働市場に区分して，財市場と金融 市場は均衡していると考えます。また，国内物価は変動しないと考えます。

2 / 為替相場制度

　鎖国経済との大きな違いは，**為替レート**が経済活動に影響することをモデルの中に組み入れていることです。国内版 IS-LM モデルでは，為替レートなどそもそも存在しませんでした。

　為替相場制度には，変動相場制度と固定相場制度があります。**変動相場制度**とは，為替レートが日々刻々，外国為替市場での需要と供給に応じて変動する制度です。したがって，政府は為替相場制度に何の働きかけをする必要もありません。

　他方，**固定相場制度**は，為替レートを一定水準に固定するものです。市場での外国為替の需給がアンバランスになることがあるので，自然に為替レートが一定の水準に維持されることはあり得ません。たとえば，市場参加者がドルよりも円を持ちたいと考えると，人気のある円の価値が上がってしまいます（円高）。そうすると，円高を防いで為替レートを一定に保つには，円の供給を増やす必要があります。固定相場制度の場合には，政府が為替レートを一定に保つように外国為替市場で円の需給を調整します。

　日本の場合，戦後長い間，この固定相場制度（1ドル＝360円）を採用していましたが，1973年以降，変動相場制度に移行しています。ただ，最近でも多くの国で固定相場制度が採用されていますので，固定相場制度が大昔の時代遅れの制度というわけではありません。しかし，本書の読者にとっての目的は，現在の日本経済を理解することにありますので，変動相場制度を念頭に置いて議論します。

3 国際版IS曲線と国際版LM曲線

3.1 国際版IS曲線

国際版IS曲線は貿易を含んで財市場の均衡を考えている点が、これまで
の国内版IS曲線と異なります。財の供給から考えましょう。日本国内で利
用できる財は、日本国内で生産したものか、外国から購入してきたもの（輸
入）です。つまり、供給は国内生産＋輸入です。

財の需要は、供給された財がどのように使われたかを考えればよいのです。
もちろん、民間消費、民間投資、政府支出に使われることはこれまでと同じ
です。国際版での拡張は、これに輸出が加わる点です。つまり、民間が使う
か、政府が使うか、外国人が使うか、なのです。

輸出をEX、輸入をIMとします。他の記号はこれまでと同じにしておき
ますと、財市場の需給均衡は次のように書けます。

$$Y + IM = C + I + G + EX$$

もちろん、左辺が供給を、右辺が需要を示します。このままでもいいので
すが、貯蓄の定義（$S = Y - C$）を使って書き換えると、国際版IS曲線が得
られます。

$$S = I + G + (EX - IM)$$

右辺の最後の項目（$EX - IM$）は輸出と輸入の差額で、**純輸出**といわれます。
結局、国際版IS曲線と国内版IS曲線の違いは、この純輸出の部分のみです。

輸出や輸入はどんな変数の関数になると考えるのが妥当でしょうか。まず、
考えられるのが、為替レートです。円高になると日本で作ったものを外国で
売ることが難しくなります。なぜなら、日本で200円かかった品物は、為替
レートが1ドル200円なら、1ドル以上で売れればいいのですが、為替レー
トが1ドル100円（円高）になると、2ドル以上で売れないと困るからです。

日本人からみれば，200円のままで売っていたとしても，外国人から見れば，為替レートの変動のために，2倍の値段になってしまったのです。つまり，円高は輸出を減らします。逆に，円高によって，外国の品物が日本人にとって安く感じられるようになります。したがって，円高は輸入を増やすことになります。この両方の効果とも，円高は純輸出を減らす方向に作用することがわかります。

日本や外国の景気も，輸出や輸入に影響を与えます。日本の景気がよいと，日本は外国からモノを買おうとするでしょう。景気の良かったバブルの時期に高級外車が飛ぶように売れたことは記憶に新しいことと思います。つまり，日本の所得が大きくなると，輸入は増大するといえます。同じように，日本の輸出は外国にとっての輸入ですから，外国の所得が増えれば，日本からの輸出も増えるはずです。しかし，外国のことまで考えるのは大変なので，外国の所得は一定としておきます。

以上より，**純輸出** NEX は，為替レート e と（日本の）所得 Y の関数であることがわかりました。為替レートを円建てで表示（1ドルが何円かという形）すると，e の値が大きくなれば（円安），純輸出は増加します。また，Y が増えると，輸入が増えますので，純輸出は減少します。数式で書けば，次のようになります。

$$S\ (Y)\ =I\ (r)\ +G+NEX\ (e,\ Y)$$

3.2 国際版 LM 曲線

金融市場での需給を考えます。**国際版 LM 曲線**は，国内版 LM 曲線と同じです。念のため，下記のようにもう一度書いておきます（簡単化のために，物価を一定としていますので，P は必要ありません）。

$$M=L\ (Y,\ r)$$

4 国際資本移動

国際版 IS − LM モデルで，考慮しておかねばならないのが，国際資本移動です。**国際資本移動**とは，外国人が日本の株式を買ったり，日本人が外国の金融商品を買ったりする国境を越える資金の流れです。

もし，国際資本移動が自由なら，日本国債の金利が 5 ％，アメリカ国債の金利が 7 ％であれば，日本人はアメリカの国債を買いたいと思うでしょう。すなわち，資本の流出が発生します。すると，5 ％の日本国債は誰も買ってくれないので，金利を引き上げなければなりません。どこまで引き上げるでしょうか。もし，8 ％にまで引き上げたら今度は世界中から日本国債を買いたいという投資家が殺到するでしょう。そこまで高くする必要はないわけです。ちょうど 7 ％でいいのです。

つまり，国際資本移動が完全でしたら，外国と日本の金利は同じになるはずです。したがって，日本の金利を r，外国の金利を r_f とすれば，次のようになります。

$$r = r_f$$

ここで，2 つほどの当然の疑問に答えておきたいと思います。1 つは，アメリカと日本の金利が異なっても**為替リスク**があるのではないかという心配です。つまり，仮にアメリカの金利の方が高いとしても，円高が起こると（満期時に）受け取ったドルを円に戻すと，日本円で運用していた場合よりも，円の手取りが減ってしまうかもしれません。

実際，外国為替市場ではこの為替リスクは大変重要な投資の決定要因になっています。したがって，上のような単純な等式は成立しそうにありません。しかし，為替レートの予想というのは大変難しい問題です。為替の変動はだれも正確には予想できません。値上がりすると思う人もいれば値下がりすると思う人もいるはずです。そこで，その間をとって，為替レートは変化しないという予想をみんなが持っていると考えておきます。

第2に，日本からアメリカに資金が流れれば，日本で資金が枯渇して金利が上がるのはわかりますが，アメリカでは逆に金利が下がるのではないかという疑問もあるでしょう。これも非常にセンスのいい疑問です。実際，その通りだというのが答えです。それは日本の経済規模が大きくてアメリカに十分影響を与えることができるからです。しかし，経済規模の小さな国でしたらアメリカの金利に影響することはありません。たとえていうと，アメリカという大きな風呂おけに水が張っているとします。その水位がいわば金利です。日本は大きめのバケツですから，バケツの水を注ぐと，お風呂の水位は目に見えて変化します。しかし，経済規模の小さな国は，コップの水を注ぐようなものです。厳密にいえば水位は高くなっているはずなのですが，ほとんど感じられないのです。

　外国の金利に影響を与えられないという仮定（**小国の仮定**）を置くと非常に議論が簡単になるので，ここでも採用することにしましょう。すると，外国の金利は外国の事情で決まっているので，日本にとっては変更できない変数（外から与えられたという意味で，外生変数と呼びます）です。

　小国の仮定に加えて，為替レートが変動しないという予想を人々が持っているという仮定と，資本移動が完全であるという仮定を利用すると，日本の金利が外国の金利に釘付けにされ，外国の金利と日本の金利は常に等しくなります。つまり，アメリカが7％なら，日本も7％だということです。日本で（金余りで）金利が5％になりそうになると，日本からアメリカに資本が流出して，金余りが解消し，金利が7％に戻るというメカニズムが働きます。

5 / 国際版IS−LMモデル

5.1 国際版IS−LMモデルの構造

　以上で，**国際版IS−LMモデル**が完成しました。念のために，もう一度，繰り返すと，財市場の均衡，金融市場の均衡，国際資本移動が，モデルを構

図表12－1 ▶ ▶ ▶ LM曲線による均衡所得水準の決定

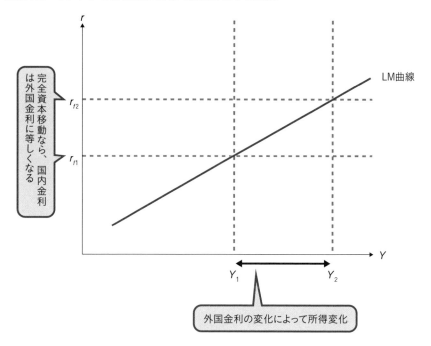

成する3つの要素です。これまでに示した式を整理すると，次の3本の式が国際版 IS - LM モデルなのです。

$$S\ (Y)\ =I\ (r)\ +G+NEX\ (e,\ Y)$$

$$M=L\ (Y,\ r)$$

$$r=r_f$$

　まず，LM曲線に注目してください。（3つ目の式から明らかなように）金利が外生的に決まってしまっていますので，貨幣市場を均衡させる所得がLM曲線のグラフから読みとれることになります（**図表12－1**）。たとえば，外国の金利が r_{f1} なら Y_1，r_{f2} なら Y_2 ということになります。直感的には理解しにくいことなのですが，国際版 IS - LM モデルでは，LM曲線だけで均衡所得が決まってくることになります。勘のいい読者なら，このモデルの世界では LM曲線をシフトすることのできる金融政策が，非常に大きな効果

を持つと想像できることでしょう（本書では説明しませんが，固定相場制度では，金融政策はLM曲線をシフトさせることはできないので，金融政策が効果的だという直感は変動相場制度においてのみ有効です）。

　すると，IS曲線は，すでにLM市場で決まってしまっている所得水準で財市場が均衡するように為替レートが調整される式だというように読むことができます。

5.2　所得・為替レート平面に描いたIS曲線

　国内版IS-LMモデルでは，横軸に所得，縦軸に金利をとって，IS曲線やLM曲線を描いていましたが，国際版モデルでは，金利は外生的に決められてしまうので，いわば定数になっています。したがって，それをグラフの軸にとってもそれほど興味深い図は描けません。むしろ，自由に変動する為替レートをとった方が適切でしょう。そこで，ある特定の金利r（これは外国の金利に等しい）のもとで，IS曲線をYとeの平面に描いてみることにしましょう。

　所得が増えた時を考えます。当然ながら，貯蓄は増えます。この増えた貯蓄を相殺するように，IS曲線の右辺（$I+G+NEX$）が変化しなければなりません。しかし，金利は（外国金利に釘付けにされており）変化しませんので，投資は変化しません。つまり，純輸出が増加しなければなりません。ところが，所得が増えると輸入が増加します。すると，純輸出が増えるには，輸出がそれ以上に増える必要があります。輸出が増えるには円安が必要です。つまり，財市場の均衡を維持するには，所得が増えると円安が発生しなければなりません。したがって，**国際版IS曲線**をYとe平面に描くと，（為替レートを円建てとしていますので），右上がりに描けます（**図表12—2**）。

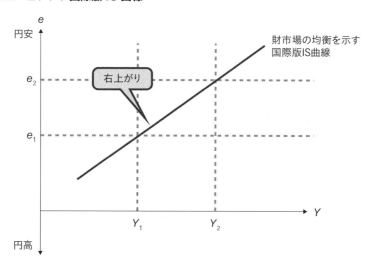

5.3 国際版 IS－LM モデルの完成

　LM 曲線は，為替レートとは関係しません。また，すでに述べたように外国の金利が与えられると，貨幣市場を均衡させる所得水準は一意に決まってしまいます。つまり，（外国の金利を一定とする限り）貨幣市場を均衡させるには特定の Y でなければならないのです。そしてこの特定の Y を実現する為替レートを IS 曲線から知るというのが国際版 IS－LM モデルの基本構造になっています。

　所得・為替平面のグラフで表現すれば，**国際版 LM 曲線**は，（外国金利の水準に応じて貨幣市場を均衡させる所得のところで）垂直な線になります。たとえば，（**図表12－1**からわかるように）外国の金利が r_{f1} であれば，（貨幣市場を均衡させる）所得は Y_1 となりますので，（**図表12－3**に示したように）LM 曲線は Y_1 を通る垂直線になります。すると，均衡為替レートは，IS 曲線と LM 曲線の交点ですから，e_1 になります。同じように，外国金利が r_{f2} なら，所得 Y_2 を通る LM 曲線が描けますので，その時の均衡為替レートは e_2 となります。

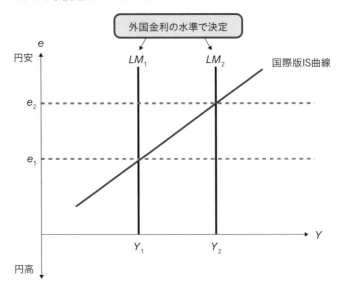

図表12－3 ▶ ▶ ▶ 国際版 IS－LM モデル

外国金利の水準で決定

6 / 財政・金融政策の効果

国際版 IS－LM モデルを使って，財政・金融政策の効果を検討していきましょう。

6.1 財政政策の効果

財政政策は政府支出の増減によって，IS 曲線をシフトさせます。財政支出を増加すれば，（**図表12－4**のように）国際版 IS 曲線は右側にシフトします。これは次のように考えればいいでしょう。

すなわち，同じ為替レートに対して，財政支出の増加後に，対応する所得がどのように変化するかを考えればいいのです。財政支出の増加は総投資を増やしますから，それに見合った貯蓄の増加が必要です。貯蓄が増加するには，所得が大きくなければなりません。つまり，財政支出が拡大した場合に，

図表12-4 ▶▶▶財政政策の効果

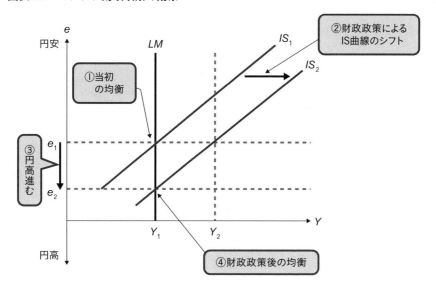

財市場での需給を均衡させる所得と為替レートの組み合わせは，同じ為替レートならより大きな所得であるということになります。

　以上の説明から，財政政策がIS曲線を右側にシフトさせることがわかりましたので，その政策効果を**図表12-4**を使って考えてみましょう。

　財政支出の増加によりIS曲線が右側にシフトしましたが，もし為替レートがe_1のままであれば，新しい所得はY_2となり，所得拡大効果があったことになります。しかし，実際には，図からわかるように，為替レートの円高化が進みます。結局，所得はY_1のままで変化せず，円高だけが進んだことになります。これは，LM曲線が垂直で，財政政策によって移動しないからです。

　財政政策によって純輸出（あるいは貿易収支）はどうなっているでしょうか。「当初の均衡」から「財政政策後の均衡」に変わったことで，所得はそのままで円高だけが進んでいますから，輸出は減少しているはずです。つまり，純輸出は赤字化（あるいは黒字減少）していることになります。

　ここまでの議論をまとめると，変動相場制度で，資本移動が完全である場

図表12－5 ▶ ▶ ▶ 国際版 LM 曲線のシフト

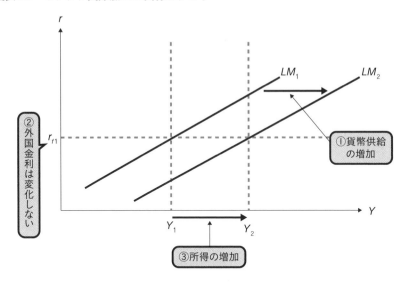

合には，財政政策は円高を促進するだけで，所得には影響を与えることができません。財政政策は無効になります。

6.2　金融政策の効果

　金融政策は貨幣供給を増やす政策でしたから，IS 曲線には影響しません。LM 曲線が右側にシフトするのは，国内版 LM 曲線の時の議論と全く同じです。ただし，日本で金融政策が行われても，アメリカの金利は変わりませんから，**図表12―5**でいえば，r_{f1} はそのままです。すると，新しい LM 曲線（LM_2）上で，金利が r_{f1} となる水準を探すと，Y_2 です。これが新しい均衡所得になります。

　金融政策が所得を増加させることはこの図からだけでも明らかになりました。為替レートがどのように変化しているかを見るために，**図表12―6**を見てみることにします。

　図からも明らかなように，拡張的な金融政策によって，所得・為替平面上

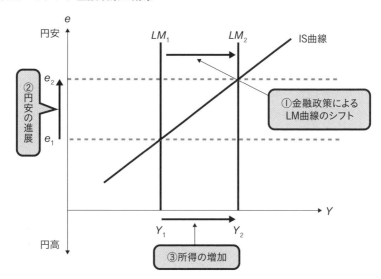

図表12-6 ▶▶▶金融政策の効果

でLM曲線は右側にシフトします。したがって，IS曲線との交点は，（Y_1，e_1）から（Y_2，e_2）へと右上方に移動します。つまり，拡張的な金融政策によって，所得は増加し，為替レートは円安化します。金融政策によって所得が増えるメカニズムは，次のようなものです。まず，貨幣供給の増大によって外国為替市場で円が豊富になります。豊富になると価格は下がりますので，円安になります。円安は輸出を促進するので，所得が増大します。

　すなわち，変動相場制度の下で，資本移動が自由な場合には，金融政策は為替を円安化し，所得を増大させます。このように，変動相場制度の下では，財政政策が無効であったのと対照的に，金融政策は有効であるといえます。

7 / 為替相場制度と資本移動

　これまで説明してきたことは，いくつもの仮定に基づいています。特に重要な仮定は次のようなものでした。第1に，IS-LMモデル共通の仮定とし

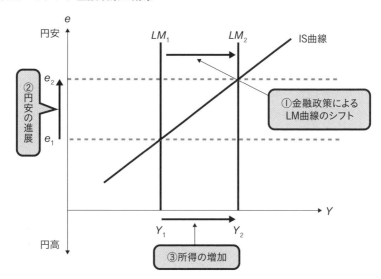

て，物価による調整が起こらないとしていました。第2に，資本移動が完全であり，外国の金利と自国の金利が一致すると仮定しました。第3に，自国が小国で外国に対して影響を与えないとしました（その他に，為替レートが変化しないという予想を人々が持っていることも仮定していました）。こうした経済構造を前提にして，**変動相場制度**を採用すると，財政政策は（所得に働きかけるという点で）無効であり，金融政策は有効であるという結論が得られました。

　現実の日本経済を考える場合，日本経済が小国であるというのは多少無理があるかと思いますが，それでも世界全体から見れば，小国の仮定がかけ離れているわけではありません。また，経済のグローバル化の進展で資本移動はますます円滑になってきています。このように，現実の日本経済をかなり単純化すれば，この章で説明してきた経済モデルでかなり描写できると期待できます。そうすると，現代の日本においては，経済政策によって景気を支える点では，金融政策が有効であり，財政政策はそれほどの効果を持たないことになります。景気対策として，金融政策への期待が高い理由がわかります。

　ただし，理論の前提を少し変えると結論が大きく変わることも，研究の結果，明らかになっています。紙幅の関係で詳しく述べませんでしたが，もし本章と同じ経済構造で，変動相場制度の代わりに固定相場制度を採用すると，今度は金融政策が無効になり，財政政策の効力が復活します。

　また，資本移動が不完全だといったように仮定を少し変えると，財政政策や金融政策がそれぞれ有効になることが示されます。つまり，経済政策の効果は経済構造によって大きく異なります。したがって，経済政策を議論する時には，現実の経済構造がどうなっているかを知ったうえで，適切な経済理論を利用しなければ，正しい判断を行うことはできないのです。

調べてみよう

　本章で説明した国際版 IS─LM モデルでは，国際資本移動は完全で，国内と外
国の金利は等しいと考えていました。その仮定は妥当でしょうか。

　同じような発行体や満期の債券を比較するのが妥当なので，たとえば，１年も
のの国債の金利というように基準を決めて，実際に各国の金利の水準や変化の状
況を調べて，比較してみましょう。

解いてみよう

　本文では，資本移動が完全な小国経済では，変動相場制の場合には金融政策が
有効で，財政政策が無効になることを説明しました。実は，固定相場制の場合には，
財政政策が有効になります。その理由を国際版 IS 曲線（本章5.1項に掲載した下
記のものです）を使って説明してみて下さい。

$$S\ (Y)\ =I\ (r)\ +G+NEX\ (e,\ Y)$$

Learning Points

▶消費関数，投資関数，および純輸出関数を実際に推計して，国際版 IS 曲線を導出してみます。

▶貨幣需要関数と国際版 IS 曲線とから，国際版 IS−LM モデルを構築して，均衡所得や均衡金利を導出してみましょう。

Key Words

国民経済計算　消費関数　投資関数　純輸出関数　均衡所得

　これまでに勉強した成果を使って，実際の日本経済の構造を分析してみたいと考える読者も多いでしょう。そこで，最後に現実のデータを使って，IS−LM 曲線を求めてみることにしましょう。

　以下の分析には，皆さんが大学で計量経済学や上級のマクロ経済学を勉強されると，いろいろと改善の余地があることがわかると思います。楽しみはそれまでとっておくことにして，ここでは，複雑な方法は使わないでおくことにします。以下の分析の問題点を見つけて自分なりに改善できるようになれば，これはもう立派なエコノミストです。

1 分析に使ったデータ

　国際版 IS−LM モデルを求めるのに必要な統計データは全部で 9 種類だけです。このうち，**GDP，GDP デフレーター**（物価水準を表す指標です），**民間消費，民間投資，政府支出，純輸出**はすべて内閣府が GDP 統計（『国民経済計算』）の一部として公表していますので，内閣府のホームページか

らダウンロードしました。なお，GDP統計は，さまざまな統計を使ってつくられていますので，基礎となるデータが修正されたり，基準が変更になったりすると，改定されます。また，新しいデータが随時付け加えられていきますので，最新の分析をしたい場合には内閣府のホームページからダウンロードしてください。

　貨幣供給（M2），**金利**（長期プライムレート），および**為替レート**の値は，日本銀行のホームページからダウンロードしました。

　為替レートとしてなじみの深いのは円の対ドル為替レート（1ドル120円といったもの）です。しかし，日本はアメリカだけと貿易しているわけではありません。したがって，アメリカ以外の国々との為替レートも考慮しておく必要があります。つまり，ドルに対しては円高でアメリカには輸出しにくくなっていても，ユーロに対して円安でヨーロッパには輸出しやすいかもしれないからです。

　また，物価が変動したらその分は為替レートが変動しても，内外の相対価格は変動しません。たとえば，1ドル＝100円の為替レートの時に，車1台を100万円で販売しようとしたとします。ドル建て価格は1万ドルです。インフレが起こり，国内価格が1台200万円になったとします。しかし，為替レートが1ドル＝100円のままだとすると，ドル建て価格は2万ドルに値上がりすることになります。もちろん外国では日本車は売れなくなってしまうでしょう。しかし，為替レートが1ドル＝200円に円安化したとすると，自動車のドル建て価格は1万ドルのままになり，外国での売れ行きには影響がないでしょう。

　このように，貿易相手国の構成と物価の（相手国との相対的な）変動も考慮して為替レートを計算したのが，**実質実効為替レート**という指標です。この指標の値が大きくなるということは，円の価値が増えること（円高）を意味します。日常的ではない統計ですから，その作り方などにこだわる必要はありません。以下では，単に為替レートと呼ぶことにします。

　ここでは暦年の年次データを使い，2011年基準・連鎖価格方式（単位：兆円）による実質GDP統計が利用できた1980年から2019年の40年間を分析の

対象にしました。なお，民間投資は，民間部門の住宅投資，企業設備投資，および在庫品増加の合計，政府支出は，政府最終消費支出，および公的部門の固定資本形成と在庫品増加の合計としました。物価の変動を調整するために使う GDP デフレーターは2011年を1としています。また，M2（＋CD）は**図表8―8**で使ったもので各年の平均残高（単位：兆円），長期プライムレート（年末値　単位：％）は**図表5―6**で使ったもの，実質実効為替レート（2012年＝100）は各年の平均値を利用しました。

2 / IS曲線

　まず，**国際版 IS 曲線**を求めるために，消費関数，投資関数および純輸出関数が必要です。推定方法は最小自乗法という方法を使いました。その結果は次の通りです（R^2 はあてはまりを示す統計量ですが，ここでの分析には直接利用しません）。

〈消費関数〉

$$C = -1.52 + 0.57Y, \quad R^2 = 0.991$$

〈投資関数〉

$$I = 99.39 - 3.19r, \quad R^2 = 0.368$$

〈純輸出関数〉

$$NEX = 13.57 - 0.01Y - 0.17e, \quad R^2 = 0.356$$

　消費関数の推定結果から，（限界）消費性向は0.57と求められます。また，**投資関数**において金利の係数はマイナスになっていますから，金利が上昇すると投資が減少するという形になっています。また，**純輸出関数**において（実質実効）為替レートの係数はマイナスになっています。e の値が大きくなるということは円高を意味しますので，円高になると純輸出が減るという関係が確認できます。純輸出関数の所得の係数はマイナスでした。これら4つの係数の符号は理論通りでした。

この3つの式から，$Y=C+I+G+NEX$ であることに注意して，次のような**国際版IS曲線**が求められます。

$$e = 655.53 - 2.59Y - 18.76r + 5.88G$$

ここで使っている実質実効為替レートでは，通常の円ドルレート表示と円高・円安の方向が逆に表されますので注意が必要です。ここでの Y のマイナスの係数は，「第12章　国際版 IS−LM 分析」での右上がりの IS 曲線と同じこと（所得が増えれば円安になる）を意味しています。また，G の係数はプラスなので，政府支出の増加は e を大きくします。つまり，財政政策が円高に働くということが確認できます。このように，実際の日本経済の構造は，国際版 IS 曲線の理論分析から得られた推測と合致しています。

3 / LM曲線

次に**国際版 LM 曲線**を求めます。**貨幣需要関数**は次のように求められました（なお，貨幣を実質化するために，GDP デフレーターを利用しました）。

〈貨幣需要関数〉

$$M/P = -521.04 + 2.54Y - 4.52r, \quad R^2 = 0.857$$

所得が増えると貨幣需要は増えますし，金利が上昇すると貨幣需要が減少するという理論通りの結果が得られました。ただ，Y の係数が1を超えているのは少しおかしいと感じられます。皆さんが実際のデータを分析するとこういった問題にしばしば出くわします。これは何らかの計測方法や理論上の問題を暗示しているのだと思われますが，複雑な処理はしないという大原則で話を進めますので，このままにしておきます。こういった点の改善も皆さんの勉強課題です。

小国・完全資本移動という仮定に基づきますと，r は外生になります。したがって，（P を一定とすれば）この式は M と Y の関係を示しています。Y

の係数が2.54ですから，Mが2.54兆円増えると均衡所得が1兆円増えるということになります。また，やや直感とはずれますが，金利が外生的に1％（ポイント）上昇すると，（貨幣供給が一定のもとで）1.78（＝4.52/2.54）兆円の均衡所得の増大になります（端的にいえば，LM曲線が右上がりだからです）。

4 / 国際版IS−LM分析

まず，たとえば，2011年の金利と貨幣供給の値を使って，**均衡所得**と**均衡為替レート**を求めてみましょう。金利と貨幣供給の現実の値は，それぞれ，1.4％と796.6兆円です。物価水準Pの値（1.000）も利用して，LM曲線の式にこれらの値を代入すると，均衡所得は521.2兆円となります。現実の値が491.5兆円だったので，2011年の現実の所得は，当時の金利や貨幣供給の水準から期待される額に比べて，小さかったことになります。

次に，金利1.4％，現実の所得491.5兆円，政府支出123.1兆円を使って，IS曲線から均衡為替レートを求めてみます。計算してみると80.1となり，現実の相場（101.3）とは，かなり乖離しています。2011年当時，所得や金利などの水準からすると，説明できないほどの円高だったことになります。

最後に，為替レートへの影響を見ておきましょう。（金利を外生としますので）1兆円の（実質）貨幣供給の増加は，LM曲線から均衡所得が0.39兆円（＝1/2.54）増加することがわかります。これをIS曲線にもってきますと，1.01ポイントの円安（＝−2.59×0.39）を引き起こすことになります。2011年の実質実効為替レートの値が101.3なので，これは1.0％の円安になるということです。このように，1兆円の貨幣供給の増加がどの程度の円安を起こすのかが分析できました。

小国・完全資本移動の仮定に基づくと，財政支出はすべて円高によって吸収されるはずでした。国際版IS曲線のGの係数から，財政支出が1兆円増えると5.88ポイントの円高になることがわかります。

201

以上の推定されたモデルを使うと，次のような政策目標に必要な金融・財政政策の大きさがわかります。たとえば，「10兆円 GDP を増加させたいが，為替レートは一定に保っておきたい」というのが政策目標だとします。

　ここでの分析モデルでは財政支出は所得増加に役に立ちませんでした（**図表12—4**を思い出して下さい）から，所得を増やすのは金融政策の役割です。LM 曲線から，（所得を10兆円増やすには）（実質）貨幣供給を25.4兆円増やせばよいということがわかります。しかしこの金融拡張政策は，25.9ポイント（＝－2.59×10）の円安を招きますので，4.4兆円（＝25.9/5.88）の財政支出による円高効果で相殺する必要があります。結局，25.4兆円の貨幣供給の増加と4.4兆円の政府支出の増加という**ポリシーパッケージ**が用意されるべきことになります。

　もちろん，ここでの計測結果は，非常に単純な手法を使っていますから，いろいろな問題点があります。また，理論モデルの前提になっているさまざまな仮定（小国の仮定や完全資本移動の仮定など）が現実と一致しないならば，モデルの有効性は低下します。そのため，実際の政策においては，非常に精緻なマクロ経済モデルが開発され，利用されています。

　また，経済構造は常に変化していますので，過去の数値をそのままあてはめることも適切でない場合があります。できるだけ現実に沿った**マクロ経済モデル**を開発して，それを利用して日本経済の構造を分析し，政策提言を行うことが，マクロ経済学者や官庁エコノミストの重要な仕事になっています。

Working　　　　　　　　　　　　　　　　　　　　　　調べてみよう

　本章では，非常に簡単な国際版 IS－LM モデルを推計してみましたが，その途中でおかしな推計結果に何度か出くわしました。これは何らかの改良が必要であることを示唆しています。どんな工夫をすれば良いかを調べてみましょう。

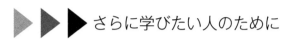 さらに学びたい人のために

　本書は，IS−LM モデルを理解してもらいながら，マクロ経済を見る力を養うことを目指してきました。

　次に掲げるテキストも，現実の経済とマクロ経済学の関係を体系的に説明するなど，入門者向けに書かれています。
- ●福田慎一・照山博司［2016］『マクロ経済学・入門（第5版）』有斐閣。

　本書のレベルをマスターしたら，中級レベルのマクロ経済学のテキストに進むのが良いでしょう。たとえば，代表的なテキストとしては下記のようなものがあります。
- ●中村保・北野重人・地主敏樹［2016］『〈サピエンティア〉マクロ経済学』東洋経済新報社。
- ●齊藤誠・岩本康志・太田聰一・柴田章久［2016］『マクロ経済学 新版』有斐閣。

　意欲的な読者に勧めたいのは，海外の著名な経済学者のマクロ経済学のテキストを読んでみることです。たとえば，翻訳されている代表的なものとして次のようなものがあります。
- ● N. グレゴリー・マンキュー著，足立英之他訳［2017］『マンキュー　マクロ経済学 1 入門篇（第4版）』東洋経済新報社。
- ● N. グレゴリー・マンキュー著，足立英之他訳［2018］『マンキュー　マクロ経済学 2 応用篇（第4版）』東洋経済新報社。
- ●ポール・クルーグマン他著，大山道広他訳［2019］『マクロ経済学（第2版）』東洋経済新報社。

　翻訳書だけではなく，上記にあげた翻訳書の原著を図書館で借りてみることも勧めます。筆者は，学部学生時代にポール・サムエルソン著，都留重人訳『サムエルソン　経済学』（岩波書店）の原著（800ページを超える大部のテキスト）と格闘したことを思い出します。翻訳がありますので，原著の英語がよくわからない時には，翻訳書に当たることができます。マクロ経済学のテキストに出てくる英語に親しんでおくことは，研究者にならなくても，今後，皆さんが英語の経済ニュースに接する機会にも非常に役立ちます。

マクロ経済学をマスターできたら，次は，各分野の専門的な勉強を始めることになります。たとえば，マクロ経済政策の重要な政策手段は金融政策と財政政策です。本書は「ベーシック＋（プラス）シリーズ」の1冊ですが，同じシリーズのテキストなどを利用して勉強して下さい。

● 家森信善［2018］『金融論（第2版）』中央経済社。
● 小林照義［2020］『金融政策（第2版）』中央経済社。
● 山重慎二［2016］『財政学』中央経済社。

　多くの読者は，経済の状況を正しく理解するためにマクロ経済学を勉強しているはずです。そこで，実際の日本経済の状況を分析している文献を読むことは非常に有益です。本書でもしばしば引用しましたが，内閣府が毎年発行している『経済財政白書』を特におすすめします。定期的に発行されるので最新の経済分析を読むことができますし，政策当局の関心もよくわかります。

　高度な分析手法が使われている箇所もありますが，わかりやすい説明がついており，（難しければ）読み飛ばしても，全体が理解できるような書き方になっています。さらに良いことは，内閣府のホームページから無料でダウンロードできることです。同様に，内閣府が公表している『日本経済／経済の回顧』も参考になります。

　また，日本銀行もホームページで各種の資料を公開しています。特に，「経済・物価情勢の展望（展望レポート）」は，3カ月ごとに公表されており，日本経済の現状や見通しについて分析しています。金融政策当局の現状判断を知ることもでき，大変貴重な資料です。これらも無料でダウンロードできます。

　自分で経済や金融の実態を把握するには，統計などを直接に調べる必要があります。日本銀行調査統計局『金融経済統計月報』は基本的な経済統計を網羅したものです。最新の統計や法律などを調べるには，日本銀行，内閣府，総務省，厚生労働省などのホームページが有用です。

索　引

さ

ら

や

▶著者紹介

家森 信善（やもり のぶよし）

1963年，滋賀県に生まれる。1988年，神戸大学大学院経済学研究科博士前期課程修了。コロンビア大学客員研究員，サンフランシスコ連邦準備銀行客員研究員，名古屋大学教授，同総長補佐などを経て，

現在，神戸大学経済経営研究所教授。経済学博士（名古屋大学）。

中小企業研究奨励賞（本賞），日本FP学会最優秀論文賞などを受賞。

日本金融学会・常任理事，金融庁・参与，金融審議会委員，経済産業省・産業構造審議会臨時委員，財務省・財政制度等審議会委員などを歴任。

著書・論文：

『日本の金融機関と金融市場の国際化』（千倉書房，1999年）

『地域金融システムの危機と中小企業金融』（千倉書房，2004年）

『地域の中小企業と信用保証制度』（編著，中央経済社，2010年）

『地域連携と中小企業の競争力』（編著，中央経済社，2014年）

『地銀創生』（共著，きんざい，2016年）

Roles of Financial Institutions and Credit Guarantees in Regional Revitalization in Japan,（共著）Springer, 2019.

Applied Financial Economics, Economics Letters, International Finance Review, International Journal of Business, Japanese Economic Review, Journal of Banking and Finance, Journal of Financial Intermediation, Journal of Financial Research, Journal of Financial Services Research, Journal of International Financial Markets, Institutions and Money, Journal of International Financial Management and Accounting, Journal of Insurance Regulation, Journal of Japanese and International Economies, Journal of Risk and Insurance などに論文多数。

マクロ経済学の基礎（第2版）

2017年3月10日　第1版第1刷発行
2020年10月30日　第1版第20刷発行
2021年2月1日　第2版第1刷発行
2024年11月10日　第2版第28刷発行

著　者　家　森　信　善
発行者　山　本　　継
発行所　㈱中　央　経　済　社
発売元　㈱中央経済グループ
　　　　パブリッシング

〒101-0051　東京都千代田区神田神保町1-35
電話　03（3293）3371（編集代表）
　　　03（3293）3381（営業代表）
https://www.chuokeizai.co.jp
印刷／文唱堂印刷㈱
製本／誠　製　本　㈱

＊頁の「欠落」や「順序違い」などがありましたらお取り替えいた
しますので発売元までご送付ください。（送料小社負担）
ISBN978-4-502-37131-8 C3033